涓涓细流 汇成海
——一位英语教师的成长

李细娟 著

东北师范大学出版社

长春

图书在版编目（CIP）数据

涓涓细流汇成海：一位英语教师的成长 / 李细娟著
．—长春：东北师范大学出版社，2019.11
ISBN 978-7-5681-6430-6

Ⅰ.①涓… Ⅱ.①李… Ⅲ.①英语课—教学研究—高中—文集 Ⅳ.①G633.412-53

中国版本图书馆CIP数据核字（2019）第258589号

□策划创意：刘　鹏
□责任编辑：沈　佳　谷　迪　　□封面设计：姜　龙
□责任校对：刘彦妮　张小娅　　□责任印制：张允豪

东北师范大学出版社出版发行
长春净月经济开发区金宝街118号（邮政编码：130117）
电话：0431-84568115
网址：http：//www.nenup.com
北京言之凿文化发展有限公司设计部制版
廊坊市金朗印刷有限公司印装
廊坊市广阳区廊万路18号（邮编：065000）
2022年6月第1版　　2022年6月第1次印刷
幅面尺寸：170mm×240mm　印张：11.75　字数：200千

定价：45.00元

目录 CONTENTS

第一篇 论文合集

通过小组合作学习发展学生英语学科核心素养 …………………… 2
高中英语学困生学习兴趣的培养 ………………………………………… 8
高中英语写作问题与有效的教师介入 ………………………………… 12
高中英语写作课堂学生互评存在的问题及对策 …………………… 16
运用多元写作评价促进高中英语写作 ………………………………… 21
他山之石可以攻玉之美国课堂观察与思考 …………………………… 28
《英语学习成功者与不成功者在方法上的差异》读书笔记 ……… 33
高中英语模块整体教学写作范式研究结题报告 …………………… 37
《运用同伴评价提升高中英语写作能力的研究》结题报告 ……… 45

第二篇 教学风格

我的教学风格 …………………………………………………………………… 52
我的成长经历 …………………………………………………………………… 54
我的教学实录 …………………………………………………………………… 60
    When You Are Old 教案 ……………………………………………… 60
    When You Are Old 学案 ……………………………………………… 66
    Book 1 Unit 3 Warming Up ………………………………………… 69
    Book 2 Unit 5 Music …………………………………………………… 73

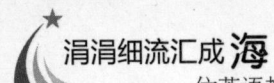

  Book 4 Unit 5 Theme Parks ················· 78
  Mistake Types in Writing ··················· 83
我的教学主张 ································· 89
他人眼中的我 ································· 90

第三篇 台湾学习

感悟台湾 ····································· 98
走进台湾高中英语课堂，体会差异化教学 ········· 99
台湾之行研修日志 ····························· 101

第四篇 赴美研修日记

启程飞往美国 ································· 114
美国教育初探 ································· 116
走进美国高中 ································· 120
美国的技术学校 ······························· 123
美国的特殊教育 ······························· 124
高中课堂完整的听课实录 ······················· 126
参访哈特福得IB学校和磁石学校 ················· 128
文化考察 ····································· 131
多元化的美国教育 ····························· 133
参访纽黑文市Amity High School ················· 134
Role of the Arts in American Education（美国学校的艺术教育） ··· 137
Guidance in the American High School ············ 139
美国课后教学活动以及良好向上的校园氛围和文化建设 ······ 142
美国私立高中学生思辨能力的培养和教学 ········· 143

特教学校 …………………………………………… 146
康州汉姆普顿公立学校 …………………………… 147
科技助推学习,标准规范品质 …………………… 148
美国优秀教师的标准 ……………………………… 150
毕业仪式 …………………………………………… 152
纽　约 ……………………………………………… 153
李文斯顿高中 ……………………………………… 155
返　程 ……………………………………………… 157

第五篇　培训心得

广东省新一轮"百千万人才培养工程"第二批高中文科名教师
　　培养对象首次集中培训 ……………………… 160
广东省新一轮"百千万人才培养工程"第二批高中文科名教师
　　培养对象第二次集中培训 …………………… 164
广东省新一轮"百千万人才培养工程"第二批高中文科名教师
　　培养对象第三次集中培训心得 ……………… 167
广东省新一轮"百千万人才培养工程"第二批高中文科名教师
　　英语工作室北师大（珠海）附中崔雅儒工作室跟岗总结 … 170
广东省新一轮"百千万人才培养工程"第二批高中文科名教师
　　英语工作室汕头、惠州教研活动总结 ……… 174
广东省新一轮"百千万人才培养工程"第二批高中文科名教师
　　英语工作室研修活动总结 …………………… 177

第一篇

论文合集

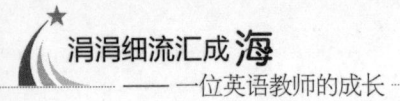

通过小组合作学习发展学生英语学科核心素养

广东省新丰县第一中学　李细娟

一、引言

　　学生核心素养的养成是衡量教育质量的基础和核心，也是我国教育领域与当前倡导培养学生核心素养的国际教育改革形势接轨的重要环节。学生核心素养是从人的全面发展角度出发的，体现了促进人的全面发展，以及适应社会需要。学生的核心素养涉及知识、技能、情感态度、价值观等多方面的能力要求，是个体教育适应未来社会，促进终身学习，实现全面发展的基本保障。

　　英语学科核心素养是学生在接受相应学段英语课程的教育过程中为适应个人终身发展和社会发展需要逐步形成的必备品格和获得的关键能力。综合表现为四大素养，即语言能力、文化品格、思维品质和学习能力。就其关系而言，语言能力是基础要素，文化品格是价值取向，思维品质是心智表征，学习能力是发展条件。英语学科核心素养涵盖知识能力和态度。四大核心素养相互渗透，融合互动，协调发展，是所有学生应具有的，并且是以学以致用为基础的综合性素养。它们具有个人价值和社会价值，是英语课程的育人指引，也是学业质量的评价标准。[《普通高中英语课程标准（征求意见稿）》，2016]

　　当代合作学习理论的开创者、美国明尼苏达大学的教授约翰逊等人认为，合作就是在教学中采用小组的方式使学生之间能够协同努力，充分发挥自身及其同伴的学习优势。杰克布斯等人则认为，合作学习是一种价值观，这是最重要的合作学习原理。换句话说，合作学习并不只是一种学习方式，还是一种生活方式，一种价值观。合作学习是一种重要的学习方式，在发展核心素养方面起着重要的作用。

二、科学的小组建制

创建学习小组是高中英语教学的客观需求，也是改善课堂生态的关键。在创建小组时，科任教师要主动与班主任沟通，一起创建小组。分组一般采用"组内异质，组间同质"的原则，但分组要注意每个小组的组员都要有比其他组员突出的某一学科，确保差异均衡，也要让每一位组员有展示自己的机会，最大限度地发挥每一个学生的能力。

在英语小组活动学习的过程中，教师可以根据英语学习的特点，让学生根据自己的特长，自由地进行小组活动。一个班可以组建数个学习小组：词汇攻关组，主要听写单词并组织批改；课前报告组，主要组织本组组员在课前进行 Duty Report 或 Free Talk（内容最好与本单元话题相关）；课堂评价组，主要负责登记课堂评分，在某些竞赛活动中充当主持或评委；阅读攻关组，主要收集同学们在阅读文章时遇到的疑难点。学生可以自由地参加学习小组，并根据自己的特长，选择不同的任务。小组学习活动强调互动性原则，学生是学习的主人，教师是学生学习的指导者，帮助学生在小组活动中找到乐趣和自身价值。

三、设计合适的小组合作学习任务

小组合作学习任务应该是学生能力范围内的学习内容，而且要突出重点，要注重设计有助于培养学生思维品质的小组合作学习内容。比如，我在人教版英语 Book 5 Unit 4 Making the news 这个单元的小组活动—Warming up and Pre-reading 教学环节中，设计了这样一个小组活动：假设你在报社工作，你想选择哪一项工作？为什么？我给学生提供了四种工作：editor、journalist、photographer 和 designer，并让小组在讨论后由各组代表展示。本单元的小组活动二，我让小组合作出一份英语报纸。小组组员分工合作，按活动一的四种工作，拍摄校运会的照片。由小记者负责采访写稿，由设计者负责设计报纸的版面，由编辑负责整份报纸的编排，再由小组进行新闻播报和展示新闻报纸。这些小组活动提升了小组组员的合作意识。针对人教版《高中英语》Book 6 Unit 2 Poems 小组合作活动，我围绕英语诗歌这一主题，让学生体验诗歌的美。小组合作活动一：讨论朗诵诗歌的意义。让学生通过头脑风暴收集各种激活思维的观点。小组合作活动二：诗歌朗诵比赛。培养学生发现、感知、欣赏和评价美的意识和能力。合作学习将学生由被动学习转向自主学习，充分发挥了学生的主体作用，有利于培养学生的组织能力和人际交往能力，也拓展了学生的学习空间，提高了学生实际运用语言的能力，使学生的思维能力、创新能力等综合素养得到发展和提高。

四、开展多样的小组课外活动

丰富多彩的英语课外活动可以使学生充分领略学习英语的乐趣。通过参与活动，学生能够掌握更多的英语知识，从而逐渐培养学习英语的自信心；学生能正确认识和理解学习的价值，树立积极的学习态度和培养浓厚的学习兴趣。教师让每个小组负责一个主题活动（如异国民族节日介绍，"当今垃圾食品对健康的影响"辩论会，角色扮演——《百万英镑》，网上大搜索——"加拿大自然风光分享会"，英语手抄报或英语海报制作，英语歌曲比赛，英语诗歌朗诵比赛、讲英语故事比赛、英语现场作文比赛、英语课题研究等等），为学生提供各种展示自己风采的平台。这些小组课外活动培养了学生学习的主动性，帮助他们把所学的知识融会贯通，拓展他们的知识面，使他们养成良好的学习习惯，掌握适合自身的学习方法，能自主学习，具有终身学习的意识和能力。如网上大搜索活动可以培养学生的信息意识，使他们能够自觉和有效地获取、评估、鉴别和使用信息；也可以使学生具有数字化生存能力，能够主动适应信息化快速发展的社会。

五、让小组成员的特质都得以发挥

著名教育家蔡元培先生说："知教育者，与其守成法，毋宁尚自然；与其求划一，毋宁展个性。"学生是独特的个体，要给予学生全面展现个性力量的时间和空间。每个学生都有自身的独特性，要尊重学生的差异，使每个学生在原有基础上能完全、自由地发展。在差异化教学课堂实践中，教师要考虑学生的兴趣和能力，给学生提供学习活动方式的选择机会，增强学生的学习动机和能力。这是一堂以说谎为主题的课，我让学生分小组活动，从多个角度体现话题的含义。

1. Why do we lie?

第一组的同学选择了一篇有关人们为什么说谎的课外阅读文章，小组组员分段朗读，让同学们了解课文以外的有关说谎的文本，增加了学生的语言输入量。

2. Five steps to spot lies.

第二组的组员呈现的内容是如何识破谎言。他们提供了一个比较好的应用文文本。

3. A song about lies.

第三组的组员充分利用自己的音乐天赋，展示了一首跟谎言有关的歌曲 *Love the way you lie*。让同学们在音乐中体会 lie 的不同意境。

4. A play related to lies.

第四组的组员准备了一个小话剧，设置一个情境：父亲病重，女孩说了一个善意的谎言（a white lie），告诉父亲病很快会好的，让同学们更深入地了解善意的谎言。

5. Hold a debate.

第五组和第六组两个小组的组员进行辩论。正方：可以说谎。反方：不应说谎。由班上的一名学生充当裁判官。经过几个回合的辩论后，教师总结：To lie or not to lie is not important. It should be flexible.（凡事要看两面。）然后讲解了道德问题、诚信问题，引发学生的思考。

这个教学活动反映了"适性扬才"的教育特点，教师给学生的平台比较大。从一个话题衍生出多种语言表达形式，不同的学生可以发挥不同的语言能力。以学习者为中心，重视学习者的个人差异与学习历程。教师的角色从传统的传授者转变为协助学生自主学习的教练。尊重学生，促进学生的个性发展。

六、在小组合作多元评价中发展学生核心素养

英语要作为一种交流工具去教，语言教学要实现一种工具性的目标，要通过英语教学培养学生的心智，发展学生的思维能力，包括批评性和创造性思维能力，要使学生具有自主学习以及合作、探究学习的能力，要能够提升学生的全面素养和潜力。

1. 小组合作多元评价有利于学生个体的发展

个性化学习就是富有个性特点的自我控制性学习。多元化的学生学习评价体现了学生个性的发挥。学生参与评价，是整个评价过程的操作者和受益者，这肯定了学生的主体地位，是对学生独立人格的尊重。多元的评价鼓励学生运用不同的语言表达方式，展示自己有个性的见解。学生需要学会接受别人的观点，活跃自己的思维，并产生新的见解。活跃思想，不断改进，丰富自己的认知，培养批判质疑的能力。

2. 小组合作多元评价有利于培养学生学习的积极性

教师如何进行评价是影响学生学习动机最重要的外部因素。评价的最主要原则是对指向学习（掌握）目标的活动（努力）做肯定的评价，而不是进行成绩导向的评价，即不是通过比较学生间的差异而进行竞争性的评价。为了调动学生学习的兴趣和积极性，教师可采用多元化的评价方式。这些方式方法能促使学生更好地产生思维碰撞，引发批判的热情。通过多元的评价方式，学生可以从不同方面体验评价的成功和快乐。学生自我评价、同伴评价和教师评价的多元评价，可以提升学生的语言能力，营造一种和谐、平等、有序的生态课堂，使学生学会学习、乐学善学。

3. 小组合作多元评价能够有效地改变课堂的生态

通过教学合一、同伴协作等方式，改善了课堂生态。从整体设计上看，小组合作多元评价为学生语言能力的发展和综合素质的提高搭建了平台，创造了自主学习的条件；从课型设计上看，它既吸收了功能概念理论，突出交流能力的培养，又有利于学生语言基础知识的积累和语言基本技能的训练。多元评价鼓励学生自主学习英语，帮助他们用批判性的眼光来评价自己和同伴的学习。通过教师指导、学生之间的交流互动，学生的语言能力得到提升。

七、结束语

小组合作学习充分发挥了学生的主体作用，培养了学生的组织能力和人际交往能力，使学生的思维能力、创新能力、批判性思维等综合素养得到发展。核心素养是一个综合性的概念，在小组合作活动中培养学生的各种能力就是潜移默化发展核心素养的过程。

参考文献

[1] 林崇德. 21世纪学生发展核心素养研究［M］. 北京：北京师范大学出版社，2016.

[2] 普通高中课程标准修订组. 普通高中英语课程标准（征求意见稿）［M］. 北京：教育部基础教育课程教材专家工作组委员会，2016.

[3] Tessa Woodward. Planning Lessons and Courses：Designing Sequences of Work for the Language Classroom［M］. 北京：外语教学与研究出版社，2009.

[4] 傅瑞屏. 外语课堂小组合作学习的机理及成功的要素［J］. 中小学外语教学，2015（9）：1—5.

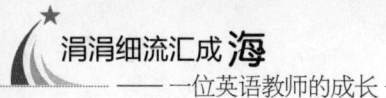

高中英语学困生学习兴趣的培养

广东省新丰县第一中学　李细娟

一、问题的提出

学校扩招后,学生的英语水平整体有所下降,有相当一部分学生的英语基础不好,学习兴趣很低,无法适应高中英语学习,一部分学生甚至放弃了学习英语。造成这种现象的原因有以下两点:一是高中英语知识明显比初中要难,尤其是词汇知识。学生在初中没有打好基础,英语底子薄弱,初中的单词及语法知识还未掌握好,在高中又增加了较多新的英语知识,这使其很难适应繁重且难度较大的学习任务。二是不少学生本来是想学英语的,但由于掌握的知识少,很难参与课堂活动,考试分数明显比初中时低,就逐渐丧失了学习英语的信心,进而产生对英语的逃避心理。

如何帮助学生消除学习英语的畏难情绪,帮助他们重新恢复学习英语的自信心呢?我认为最重要的是要培养学生学习英语的兴趣。爱因斯坦说过:"兴趣是最好的老师。"英语教学只有激发和培养学生学习英语的兴趣,学生的学习潜力才能最大限度地发挥出来。

二、创建和谐融洽的学习氛围

1. 创设愉快轻松的学习环境

教师在教学中的情绪首先应该是快乐的。在课堂中,教师要有饱满的精神、轻松愉快的表情、亲切的目光、和谐的态度,要给学生创造一个轻松愉快的学习环境。例如课前播放一首英文歌曲,让学生集体唱一首简单的英文歌曲；课前让学生互相问候，谈论班级或学校的一些活动；天气变化时，让学生谈论天气及气候变化；利用教室里的人和物以及直观教具，如图片、挂图等，导入新课（如第五册第二单元内容是有关英国的话题，我在导入新课时选用伦敦塔桥、伦敦眼摩天轮、贝克海姆、海德公园的图片，让学生选作自己的组名）；用学生听得懂或大致听得懂的英语讲课；课堂设计一些比较容易的问题和语言材料，让英语学困生参与课堂活动，使学困生能够品尝成功的喜悦；发音较难的单词通过集体跟读和朗读，让学困生有机会自我改正。如果马上指定某位学生去发言，一般情况下该学生就会显得很紧张，产生不安全感。多种多样的课堂集体活动形式最能创造出学生的安全感。在课堂教学中，一旦学困生出差错，要巧妙地纠正他们的错误，保护学困生的学习积极性。

2. 创设愉快和谐的师生关系

教师要能通过师生情感交融，调动学困生的学习积极性。一项调查数据显示，67%的学困生认为教师对自己的期望比较低，所以他们缺乏自信心，进而挫伤了学习英语的积极性。教师对待学生要一视同仁，表里如一，言行一致。对待学困生，教师要投入感情，加强师生的心灵沟通，和学生一起体验和实践。要能够让学生感受到教师的关心和爱护，感受到教师不仅知识渊博，而且可信。师生的和谐交往可以激发学生对认知的兴趣，使学生在轻松愉悦的意境中提高运用英语的能力。教师要创造积极的学习氛围，经常给学困生鼓励的话和由衷的赞许。在课堂上，教师对学困生回答问题时的表现应及时评价，这是鼓励和肯定学生的最好方式。例如，对回答得好的学困生用"Wonderful！"（很好！）"Excellent！"（好极了！）来表扬，对表现一般的学生用"Good！"（好！）"Well done！"（不错！）来表扬，让他们体会到成功的欢乐和喜悦。对表现欠佳的学生，可以用"Take it easy."（别紧张。）"It doesn't matter. Just have a try."（没关系，来试一下。）"Try it again."（再试一次。）"I believe you can do it better next time."（我相信下一次你一定能做得更好。）等鼓励性的话，让他们感觉到自己在不断进步，从而消除惧怕和紧张的情绪。在批改作业时，教师可以多在学困生的本子上写一些建议或激励用语等。如果要指出学困生的不足，一定要用平和的语气来交流。教师和学困生的情感有了交融，教师的要求和期望才容易被学困生接受，并内化为一种动力。

3. 创设愉快和谐的同学关系

在英语课堂中,英语学习困难生表现比较被动,很少参与课堂教学活动,积极性不高。现在,英语课堂教学模式改变了,小组活动等学生互动的学习方式几乎每节课都有,教师要充分利用小组学习活动的机会,让小组长多关注他们一些,帮助并指导他们进行英语学习。千万不能把学困生晾在一边,要尽可能多地让学困生参与活动,让他们在集体学习活动中有归属感,让他们深切地感受到小组学习的快乐。

三、采用灵活多变、充满乐趣的教学模式

培养学困生的学习兴趣,教师要采用灵活多变的教学方法,并在教学的每个环节增加趣味性。比如,在 Book 5 Unit 4 Making the news 的 Warming up and Pre-reading 教学环节中,我设计了这样一个活动:假设你在报社工作,你想选择哪一份工作?为什么?我给学生提供了四种工作:editor、journalist、photographer 和 designer,让小组讨论后由各组代表展示,学生们都积极参与。在词汇教学中,我让小组学生出题,再让小组互相答题。在用重点词写新闻报道的环节中,我让各小组选出代表进行新闻播报。这些活动极大地提高了学困生的学习积极性。

创建学习小组是高中英语教学的客观需求,也是改善课堂生态的关键。教师可以在一个班组建数个学习小组,例如词汇攻关组、课前报告组等,让学困生在小组活动中找到乐趣和自身价值,从而提高学习兴趣。

四、使学困生掌握有效的学习方法

大部分学生对英语失去兴趣,并不是因为讨厌这门学科,而是因为基础太过薄弱,又没有掌握正确的学习方法,导致越学习越失去信心和兴趣。要培养学困生学习英语的兴趣,教师可以从帮助学生掌握正确有效的学习方法入手。在英语中,大部分知识是需要记忆的,只有掌握了有效的记忆方法,学习起英语来,才会事半功倍。比如单词的记忆,记单词犹如交朋友,过程是一回生,两回熟。首次只记其形,却不识内涵,无碍"日后交往";其次既记其形,内涵也要知一二,这叫有所了解;再次知其部分,但无法知根知底,此乃温吞

水；常见面，逐步了解其方方面面，最后交上朋友。熟悉关键是要增加见面的机会，识记单词也不过如此。对不熟悉的词，要因不同场合而异。若在测试期间，绝不能逐词逐句查词典，因为速度太慢。若读闲书，则必须尽力弄清楚每个词的意思。

五、结束语

兴趣是最好的老师，一个成功的英语教师要在教学中有意识、有目的地培养学困生对英语的持久兴趣，激励学生不断地处于较好的学习状态之中，使他们对英语爱学、想学、善学、好学，乐在其中，并且乐此不疲。

参考文献

［1］卢家楣.情感教学心理学［M］.上海：上海教育出版社，2000.

［2］常书锋.如何培养学生学习英语的兴趣［J］.校园英语（教研版），2009（2）.

［3］黄自成.高中英语模块总动员的教学实践与探索［J］.中小学外语教学（中学篇），2010（5）.

高中英语写作问题与有效的教师介入

广东省新丰县第一中学 李细娟

一、引 言

写作属于语言输出，能比较全面地反映学生的语言能力。写作是高中阶段英语教学的重难点之一。为了有效地提高学生的写作能力，本文提出了当前学生学习写作和教师在写作教学中存在的问题，并针对这些问题进行了高中英语写作问题与有效的教师介入的探讨。

二、高中英语写作教与学存在的问题

1. 学生存在的问题

（1）语言基础知识不够健全，体现在谓语动词时态结构模糊不清（如错例：We were go to clean the park.）、缺谓语动词（如错例：I against it. I will grateful with...）、主谓不一致（如错例：Some parents thinks their children is too young to do some housework.）、单词拼写错误以及标点符号乱用。

（2）受母语影响，按照汉语的思维直译或生搬硬套地翻译。

部分家长的观点：孩子不必做家务。

① 年纪小，不必做家务。

② 学习忙，抽不出时间做家务。

③ 只要学习好，不做家务也没关系。

学生译文：Some parents opinions is child too young to not to do housework and then they are busy no time to do housework. So if good of study not to do housework is ok.

（3）缺乏写作技巧和良好的写作习惯。学生在写作时，没有按照写作步骤进行写作，没有整体的写作意识，不会谋篇布局；写作信息整合能力差，不会审题；基本按照中文直译，有些甚至按照表格内容来填写信息，当作写作。

2. 教师在教学中存在的问题

（1）重结果，忽视过程。大部分教师采用的是结果教学法（Product Approach），写作课堂教学的步骤基本是：课堂布置作文——学生课后完成——学生上交后教师批改。学生普遍关注的是分数，认为把作文交上去就完成任务了。学生独自写，教师独自改，教师和学生几乎没有互动，因而也无法有效地对学生进行写作指导。

（2）缺乏有效的写作反馈。教师基本都是以纠错的形式来批改作业，没有多元化的反馈模式。

三、写作过程中教师有效地介入

过程教学法（Process Approach）注重的是在学生写作过程中教师给予的指导。

1. 学生写作前

教师利用头脑风暴、小组讨论等活动，激发学生灵感提取文章的相关信息，规划文章的结构，列出提纲，培养学生良好的写作习惯和写作情感，提升学生写作的积极性。

2. 学生写作中

传统的写作课，在表达信息这个环节，教师一般会在学生信息表达之前或之后给予帮助性的介入，但是达不到预期的效果。在学生表达信息之前教师予以帮助性的介入，学生会忽视对教师提示的信息点的整合、语言的正确使用等，而使用自己习惯的表达方法，因此还是会出现谓语动词时态结构模糊不清、不注意词性的正确运用、主谓不一致、单词拼写错误、标点符号乱用、缺主语谓语、主从句混淆等现象。在学生表达完信息后教师给予帮助性的介入，学生会认为文章已经完成，因而非常不愿意按照教师的建议去做修改。因此，教师最佳的介入时机是在学生起草初稿时，在学生的写作构思还不固定的时候，这时学生是比较愿意接受建议去做修改的。这时教师可以给学生提供一些指导，如文章时态、人称和词句的注意事项等。学生可以利用这些指导对自己正在写的文章做一些必要的改变。这样，他们写的文章就和预期的写作效果更加接近了。

3. 写作后评价

评价写作时，教师最好选用学生的作品而不是书上的写作范文。书上的写作范文至少被修改了好几次，不能展示写作的过程，而且书上的范文如此完美，学生会认为那些范文是可望而不可即的，他们不能写出像范文一样的作文。学生的写作作品与大多数学生的写作能力相符，思维方式比较接近，同时选用比较好的习作进行评价也是对学生的一种肯定，学生也比较乐意学习同伴的习作。选用一些有典型错例的学生习作，能够反映学生在写作过程中存在的问题，教师还可以就这些问题有针对性地指导学生写作，修正学生的错误。

对于学生习作的问题，教师要避免独自改、全批全改、没有师生互动，这会导致学生对作文的错误印象不深，下次习作还会犯同样的错误。学生过分依赖教师，这样不利于学生语言能力的提高。教师要鼓励学生自我批改作文和同伴批改作文，并提供写作评价标准，设计评价表，从语言（单词拼写、大小写、用词恰当、主谓一致、时态、语态正确）、句法（固定搭配使用正确、句子完整、运用多种表达）、篇章（符合题意、涵盖全部信息、结构合理、文章连贯）等方面细化评分标准，做巡堂指导，及时解决问题，让学生在参与批改作文的过程中了解文章的评价标准，学习别人的长处，拓展思路，激发灵感，从而在批改过程中记住错误的原因，避免犯类似的错误，提高自己的写作能力。

要提高学生的写作能力，教师除了平时加强学生语言基础的学习外，还要注重在写作过程中给予适当的介入和指导，让学生在不断的练习过程中，在自我评价和同伴评价的过程中，得到语言能力和写作能力的双提升。

参考文献

［1］何广铿.英语教学法教程理论与实践［M］.广州：暨南大学出版社，2011.

［2］朱晓燕.英语课堂教学策略——如何有效选择和运用［M］.上海：上海外语教育出版社，2011.

［3］Antonia Chandrasegaran. Intervening to Help in the Writing Process［M］. 北京：人民教育出版社，2007.

［4］王振宇.提升高中英语写作反馈有效性的探索与思考［J］.中小学外语教学（中学篇），2012（12）.

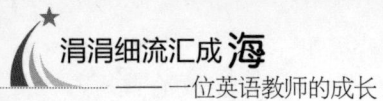

高中英语写作课堂学生互评存在的问题及对策

广东省新丰县第一中学 李细娟

一、引言

《普通高中英语课程标准（实验）》（教育部，2003）（以下简称《课程标准》）指出"高中英语课程的总目标是使学生在义务教育阶段英语学习的基础上，进一步明确英语学习的目的，发展自主学习和合作学习的能力，形成有效的英语学习策略，培养学生的综合语言运用能力。"同时还提出，综合语言运用能力涉及语言知识、语言技能、学习策略、情感态度和文化意识。此外，《课程标准》不仅对写作给出了较合理的界定与要求，还指出了实现课程目标的教学模式。它倡导任务型的教学模式，让学生在英语教师的指导下，通过自身的感知、体验、实践、参与和合作等方式，完成学习任务和目标，促进语言实际运用能力的提高。这就要求我们高中英语教师重新审视传统的英语写作教学模式，优化写作教学的教材和教法。传统的写作模式是学生在课堂或课后完成写作任务，教师批改并进行语言纠错和评分。现在，写作课堂强调以学生为中心，教师要根据所教学生的学习水平，指导学生进行自我评价和同伴评价。

在高中英语写作课堂学生互评的过程中，我们发现了一些问题。本文将针对学生在写作互评中存在的一些问题探求对策。

二、高中英语写作课堂中学生互评存在的问题

1. 学生的评价积极性不高

学生习作，教师改作，学生已经习惯了被评价，对学生评价的积极性不

高。英语基础比较薄弱、对英语学习比较被动的学生，在进行写作评价时，会采用敷衍的态度。

2. 评价指标设计不够合理

没有设计评价指标，评价任务布置不够清晰，学生无从下手；有评价指标，但比较笼统，学生只能按照自己的理解去评价。

3. 教师对学生互评指导不到位，学生评价能力有限

教师布置评价任务不够科学，让学生评价的作文随机发放，没有考虑不同层次的作文和不同层次英语水平学生的搭配，导致基础薄弱的同学无法进行评价，只能敷衍甚至越改越错。在学生互评过程中，教师没有进行有效的监督和引导。

三、高中英语写作课堂学生互评存在问题的对策

1. 注重培养和激发学生主动参与评价的意识

《普通高中英语课程标准（实验）》（教育部，2003）倡导"体验、实践、参与、合作与交流的学习方式"，要求"把英语教学与情感教育有机地结合起来，促使学生互相学习、互相帮助，体验集体荣誉感和成就感，发展合作精神"。在学生互相评价的过程中，教师要培养和激发学生对写作评价的积极性，鼓励学生参与评价。教师要精心地设计评价任务；小组成员之间要进行必要的合作，共同探讨写作评价的要素；学生之间要互相发问，阐述自己的看法。采用多样化的评价方式，设计科学的评价任务。学生互评除了采用一对一的形式，还可采用多对一或多对多的形式。按照六人一组分成学习小组，各小组组长根据本组组员的英语水平和能力，分配评价任务。如果组员的英语能力整体均衡，可以采取一对一的互评形式。如果小组组员的英语能力参差不齐，也可以采用一对一的形式。这时就要考虑让英语能力好的学生改错误比较多的作文，让英语能力弱的学生改比较好的作文，让他们在欣赏好的习作中提升自己的语言表达能力。如果组员能力不均，也可以采用多对一或多对多的方式。英语能力好的学生可以带英语薄弱的学生一起改一篇或几篇作文，这样可以解决基础薄弱的学生无法进行评价的问题，培养学生的自主学习能力和合作意识，让学生觉得英语写作学生互评不再是一件难事，而是一件乐事。学生之间

优势互补，可以提高学生的综合语言运用能力，促进学生的全面发展。评价形式可结合学生自评、组员互评、组间互评及教师评价等多种形式。科学的评价机制能够激发学生的合作参与兴趣，激励他们取得更大的进步。

2. 设计详细科学的评价表和评价任务

在学生评价写作的初期，评价表的设计要根据写作任务和训练目的有所侧重。例如，人教版Book 1 Unit 2 English around the World 中的写作话题是 Why should we learn English?

范文：English plays an important part now and in the future. Firstly, English is one of our main subjects which we must pass in the NMET. We must try our best to learn it well, or else, we may fail to get a good mark. Secondly, while traveling around the world, we must have less trouble if we are good at English. Besides, English is used widely all over the world. For example, trading with foreigners or doing a speech at an international meeting, we should use English. Furthermore, our country has entered the WTO. We are in the great need of the creatures that are good at English.

All in all, English is so important and useful that we must learn it well.

这是一篇展示自己观点并列举原因的文章，教师首先分析了范文的结构及一些系动词的使用情况，然后让学生对这些方面进行有侧重的评价（见表1）。

表1 Evaluation Form

Thesis statement	Yes（　　）; No（　　）
Listing the reasons	Yes（　　）; No（　　）
Summing up the status	Yes（　　）; No（　　）
Appropriate linking words	They are
Content focusing on the subject	Yes（　　）; No（　　）

学生有了一定的评价经验和能力后，开始设计评价表，可以从谋篇布局、关联词与文章的逻辑性、词汇的选用、语法的运用、拼写和标点等方面设计（见表2）。

表2 Evaluation Form

Items	Basic Requirements	Assessment			
		Standard Scores			Scores
Content	Have a topic, a complete main part and a good ending	6	4	2	
Structure	Clear structure	3	2	1	
Linking words	Appropriate linking words	3	2	1	
Words & Sentences	Use nice words and sentences wisely	5	3	1	
Grammar	Use grammar properly (tense, voice, agreement, etc.)	5	3	1	
Punctuation & Handwriting	Use punctuation correctly, have beautiful handwriting	3	2	1	
Total					

各种不同的评价表可以给学生的写作一个准确的定位。写作评价有了抓手，学生就能慢慢培养评价的能力，进而通过评价同伴的写作，提升纠错能力和综合运用语言的能力。

3. 教师进行有效的指导，培养学生的评价能力

教师在学生互评中的作用是不容忽视的也是不可替代的。教师应该在课堂上引导和指导学生发现问题和解决问题。对高中英语写作学生互评要采取循序渐进的原则，提出各种有效的评价方法。对学生在高中阶段写作中存在的问题，教师要给学生做示范评改，从学生的习作中提取学生存在的写作问题，如文体的语言、时态、结构特点，让学生认识到问题，并针对这些问题解决问题，形成有效的写作互评模式。在学生进行写作评价时，教师要从写作材料的体裁、写作技能、语言运用表达等方面提出不同的要求。通过教师的指导，学生与学生之间进行交流和互动，这提升了学生的写作评价能力，也提高了学生的写作能力。

四、结束语

要提高学生写作互评的能力,教师就要强调以学生为中心,根据所教学生的学习水平,指导学生进行写作评价。倡导学生参与、合作与交流的学习方式,让学生在参与、合作与交流中,形成积极主动的学习态度,培养自主学习能力。营造一种和谐、平等、有序的生态课堂,让学生在自我评价、同伴评价和教师评价中提升写作能力;让学生积极参与合作探究,培养学习英语的兴趣。多元化、多角度的小组活动可以使不同层次的学生在互相评价的过程中得到提高。

参考文献

[1] Brian Tomlinson, Hitomi Masuhara. Developing Language Course Materials [M].北京:人民教育出版社,2007.

[2] Antonia Chandrasegaran. Intervening to Help in the Writing Process [M].北京:人民教育出版社,2007.

[3] 朱晓燕.英语课堂教学策略——如何有效选择和运用[M].上海:上海外语教育出版社,2011.

[4] 何广铿.英语教学法教程理论与实践[M].广州:暨南大学出版社,2011.

[5] 张虹,李军华,王军,等.在高中英语写作课堂中使用同伴评价提高学生识错能力的行动研究[J].中小学外语教学,2012(6):23—29.

[6] 陈凤梅.基于同一话题的高三英语写作教学[J].中小学外语教学,2013(1):30—35.

[7] 傅瑞屏.外语课堂小组合作学习的机理及成功的要素[J].中小学外语教学,2015(9):1—5.

运用多元写作评价促进高中英语写作

广东省新丰县第一中学 李细娟

一、引 言

《普通高中英语课程标准（实验）》（教育部，2003）倡导"体验、实践、参与、合作与交流的学习方式"，要求"把英语教学与情感教育有机地结合起来，促使学生互相学习、互相帮助，体验集体荣誉感和成就感，发展合作精神"。在听、说、读、写四个技能中，写作是将内部言语通过一定规则编码生成话语的创造性运用语言的过程，常常伴随着不同的认知和策略的运用，因而写作是最难习得的一种能力（杨国顺，2009）。写作评价基本是教师批改评价，比较单一。在评价这个环节，师生缺少互动，学生写作环节和教师的评价环节是剥离的。教师是唯一的评价标准，缺乏多元评价，学生没有进一步反思和修改，写作能力得不到提高。因此，很有必要从多元评价方面来提升高中英语写作能力。

二、多元写作评价对高中写作的意义

评价对写作具有诊断、导向、激励和调控的作用，多元化写作评价是一种关注学生终身学习和发展的写作评价，是一个具有个性化、建构性、批判性的学习过程，是一项富有乐趣且有效的英语实践活动。

三、多元评价以评促写的教学实例分析

学习需要反馈，改错是提供反馈的一种方式（王初明，2005）。有生命

力的课堂，核心价值观是开放的、多元的，教学的主体首先是学生，其次是教师。学生应该成为课堂的参与者、建构者和创作者。多元写作评价以学生为本，是一种bottom-up的教学模式，不是教师的"一言堂"，不是单一的评价方式，而是多元化、多渠道的评价方式，有学生自评、学生互评、小组评价、班级评价、教师评价等多种方式。下面通过分析一节写作评价课，围绕写作评价活动的特点，详细说明多元评价以评促写的教学模式。本节课的教学目标是通过学习实践如何评价写作，培养和提高学生的写作能力。

1. 课前导入

Have you ever evaluated a writing? When we evaluate a writing, what should we focus on? 教师先用问题导入这节课的内容，让学生思考在评价一篇文章时，我们应该关注什么？

让学生进行有关写作评价问题的调查，目的是让学生明白这节课的目标，在开始上课时就能静下心来思考教师的问题，知道该做什么。通过学生的回答，教师也可以了解学生对写作评价方面的认识程度。设计一节课的导入，应该和本节课的内容紧密结合，并能激发学生的主观能动性。

2. 学习评价标准

学生对评价内容有了自己的思考和总结后，教师再展示评价写作的要求和标准，让学生对评价的要求有更加完整和进一步的了解（见表1）。

表1　评价量规表

项目	要求	评价			得分
		评分标准			
内容	覆盖所有写作要点，大意清晰，内容具体	6	4	2	
结构	结构清晰	3	2	1	
关联词与逻辑性	有效地使用语句间的连接成分，文章逻辑性强	3	2	1	
词汇与句型	词汇句型丰富，词汇选用正确得体	5	3	1	
语法运用	没有语法错误，能灵活运用较多的语法结构	5	3	1	
拼写与标点	书写规范，拼写完全正确；标点使用正确，书写整洁	3	2	1	
总分					

设计意图：让学生通过评价表，从文章内容、文章结构、关联词与文章逻辑性、词汇句型选用、语法运用、拼写与标点六个方面进行评价。教师把评价、测试的目标当作教学方法来实施。让学生学习评估写作的量规表也是对写作的一种指导。通过量规表，学生可以了解自己的写作水平与写作要求间的差距，重新审视和修改自己的文章，提高写作能力。

3. 范文赏析

学习了评价表的各个项目要求后，学生便明白欣赏的主要内容是什么，哪些是文章精彩的地方，哪些是值得学习和借鉴的地方。

（1）呈现范文。

2015年全国卷高考真题：

假如你是李华，你校英文报《外国文化》栏目拟刊登美国节日风俗和中学生生活的短文。请给美国朋友彼得写信约稿。要点如下：

1. 栏目介绍；
2. 稿件内容；
3. 稿件长度：约400词；
4. 交稿日期：6月28日前。

注意：

1. 词数100个左右；
2. 可以适当增加细节，以使行文连贯；
3. 开头语已为你写好。

参考例文：

Dear Peter:

I'd like to ask you to write an article for our school's English newspaper. The Foreign Cultures section in our newspaper is very popular among us students. It carries articles written by foreign friends about the cultures of their home countries. Would you please write something about the culture in your part of the United States? And we would especially welcome articles about how Americans spend their holidays and festivals, and the life of American high school students. You can write anything relevant so long as it's interesting and informative, 400 words would be fine.

Could we have your article before June 28?

I am looking forward to hearing from you.

Yours,

Li Hua

（全优课堂，2016）

（2）分析范文：文章内容、结构、逻辑性和语言表达。

① Does the passage have a complete main part and a good ending?

② What do you think of the structure of the passage?

③ Find good expressions and sentence structures.

设计意图：改变以教师讲评为主导的传统做法。教师通过提问的形式，引导学生评价。从学生的角度、共商共议的角度，引导学生评价和欣赏，寻找范文的精彩处，让学生按照评价量规表的要素去品鉴学习和归纳，积累好词好句。

4. 自我评价、小组评价和教师评价

学习评价表中的项目要求和分析欣赏范文后，教师从学生作文中挑选出两篇作文，让学生先自评，再小组合作评价，最后教师总结评价。

（1）呈现学生习作。

学生习作1：

Dear Peter:

I'd like to ask you to write an article for our school's English newspaper.

In order make students know more about American culture, our school decided to set up a section of the English newspaper. This section is about foreign cultures. So I hope you can help us to write an article about the custom of American festivals and the life of high school students. I know you are very good at writing, so I believe you can do the best. The number of the words is 400 and I hope you can hand in before June 28th.

I am looking forward to hearing from you.

Yours,

Li Hua

学生习作2：

Dear Peter:

I'd like to ask you to write an article for our school's English newspaper.

The newspaper's part of "Foreign Culture" is to introduce something about foreign, such as tradition, festival, environment and so on. It is in order to open our eyes. And your article is like that and you should write some thing about American students' daily life and American culture and custom. This article needs about 400 words. Finally, if you have finished it, please send it to me before June 28th.

I think you will finish it perfectly. I am looking for your reply.

Yours,
Li Hua

（2）学生自评。

学生对照评价表，看看自己的作文有没有问题。这一遍评改可以加深学生对自己作文的印象，同时可以发现自己作文中的问题。

① What do you think of your passage after learning the evaluation form and the sample passage?

② List the shining points and weak points of your passage.

设计意图：这一环节的目的是培养学生的自我纠错能力。经过评价量规表的学习和范文的正面输入，学生对自己的作文会有进一步的认识。

（3）小组评价。

按照评价量规表的项目和要求，小组逐项进行评分，然后以小组为单位，派一个组员说明小组的评价意见。

① Work in group and evaluate the passages written by two classmates.

② Is the content complete?

③ Is the structure clear?

④ Do they use appropriate linking words?

⑤ Do they use nice words and sentences wisely?

⑥ Do they use grammar properly?

⑦ Do they make the spelling mistakes?

⑧ What about the punctuation and handwriting?

设计意图：学生对照评价表中的细目，小组进行讨论，集思广益，分析得更细致、透彻，并自然而然地把评价的要求内化为自己写作时应该注意的地方。

（4）教师评价。

听完学生自评和小组评价后，教师现场点评。教师要以自己的视角和高度，发现文章中学生没有发现的问题，起到画龙点睛的作用。

5. 回归写作策略

评价是为了更好地写。通过学生自评、小组评价，学生可以重新审视写作中应该注意的问题。多元评价可以让学生从不同的角度表达不同的观点，学生之间、师生之间有了更多的思维碰撞。这些过程性的评价最终还是要回归到写，这就是写作评价的意义和目的。

四、结束语

学生是评价的主体，评价应以发展学生综合语言运用能力为出发点。评价应该有益于学生认识自我，建立自信；应有助于学生反思和调控自己的学习过程，从而促进综合语言运用能力的不断提高。

写作教学模式应该是多元的，但要和学生的学习融为一体。教师可以把测试目标当作教学方法来实施，运用多元写作评价，使学生在评价过程中逐渐了解自己的写作水平与写作要求的差距，经过重新审视和修改，自信心不断得到加强，写作动机得到强化。学生要在使用中学习语言。在语用中学习语言，启动了学生的大脑，这样学习就变得容易了。

参考文献

[1] 朱晓燕. 英语课堂教学策略——如何有效选择和运用 [M]. 上海：上海外语教育出版社，2011.

[2] 教育部. 普通高中英语课程标准（实验）[M]. 北京：人民教育出版社，2003.

[3] 何广铿. 英语教学法教程理论与实践 [M]. 广州：暨南大学出版社，2011.

[4] 王初明. 外语写长法 [J]. 中国外语，2005（1）：45—49.

［5］杨国顺. "写长法"在高中英语写作教学中的应用［J］. 山东师范大学外国语学院学报（基础英语教育），2009（6）：28—33.

［6］张虹，李军华，王军，等. 在高中英语写作课堂中使用同伴评价提高学生识错能力的行动研究［J］. 中小学外语教学，2012（6）：23—29.

［7］丁建勇. 以学定教，构建具有生命活力的英语讲评课堂——由一节高中英语试卷讲评课引发的思考［J］. 中小学外语教学，2012（9）：37—43.

［8］闫艳. 浅议高中英语写作课的写前活动［J］. 中小学外语教学，2015（12）：50—54.

他山之石可以攻玉之美国课堂观察与思考

广东省新丰县第一中学　李细娟

教育是对人类思想文化的自觉传承，但传承不是为了复古，继往是为了更好地开来，真正的民族自信，是对自身的客观审视，是对世界多元文化的包容。赴美研修，我们一共参访了20所学校，观摩了80多节课。现今美国基础教育学校呈现多元化，主要有三类学校：公立学校、私立学校和家庭学校。同时为了满足一些家庭的特别需求，出现了另外一类公办私营学校——特许学校和磁石学校。我们参访的学校有小学、初中和高中，基本包括所有学段和所有类型的学校。美国的文化是多元化的，办学方式也是多元化的。在课堂观摩中，我了解了美国一些地区的课堂特点，主要体现在以下几方面。

一、做中学的课堂

美国教育家杜威提出"在做中学"，这一宝贵思想至今依然有着重要的现实意义。在康涅狄格州科学和创新学校（Academy of Science and Innovation）观课过程中，我发现他们将"做中学"的理念做了最大化的诠释。以下是课堂的实录。

这是十二年级生物有关DNA的课程。课程采用POGIL（Process Oriented Guided Inquiry Learning）模式，它是面向过程的指导型探究学习法。POGIL的课堂活动利用指导性探究的学习理念来设计一个学习循环，即概念的探索、形成和应用三个环节。POGIL的目标是让学生参与学习过程，通过理解基本概念来学习，同时发展重要的学习技能而不是死记硬背。这些重要的学习技能包括信息加工处理能力、批判性分析思维能力、解决问题能力、口头和书面表达能力、合作能力和元认知能力。在POGIL课堂或者实验室，学生分组学习。学习材料提供数据或者信息以及相应的问题，引导学生分析数据，得出自己的有效结论。教师的角色是学习推动者，观察学生的学习进展，解决学生的学习问题。

二、生活化的课堂

"教育即生活"，学校的教育应与生活相结合，应与学生的生活息息相关。在观察科学课时，我发现这些课堂很生活化。生活化的课堂，学生都比较感兴趣，会比较主动地参与学习。

在美国纽约市的Hackley School（哈克利中学），我听了一节七年级的科学课。课题是"我们住在一个细菌的世界里"，主要内容是让学生围绕细菌的采样问题，进行小组合作学习。课堂要求学生就细菌问题提问，并描述："是最初的什么想法或观察让你对这个问题感兴趣？"下面展示其中两个小组的活动内容。小组一的问题是："成千上万的人会接触门扶手，门扶手上会留下多少细菌？"问题描述："谁知道每天有多少人接触门扶手？在Hackley School，学生每隔45分钟要拉门扶手离开或进入课室，学校大约有400人，大约有800只手传播细菌到学校的门扶手上，有多少细菌会传下去？门扶手上的细菌有何不同？"小组二讨论的内容是："什么样的细菌会留在木地板、毛毯地板、瓷砖地面、石头地面和水泥地面上？人们每天来来回回地走在各种不同的地面上，我们带来了什么样的细菌？又带走了什么样的细菌？清洁完地面后，什么样的细菌会被清洗掉？"学生采集细菌样本，进行实验观察，完成一个完整的报告。

这两个小组的问题都来自生活，从中可以反映出学生对生活观察的细致程度，以及是否可以把学习的内容和生活联系起来。这跟学校的教育理念是紧密联系的，体现了"教育即生活"的办学理念。

三、思想碰撞的课堂

在参访学校中，无论是小学、初中还是高中，十二个学段，90%的课堂都是小组互动合作的模式。教师在课堂中的作用是帮助者和组织者，学生是学习的中心。学生都很积极主动地表达自己的观点，小组成员之间的讨论比较热烈。学生都比较喜欢提问,提问是课堂学习的一种常态。提问题可以培养学生的思维和思辨能力,培养学生的批判性思维能力,使学生敢于质疑,敢于发表自己的观点。学生互相提问和解答的过程就是一种学习,就是一种碰撞。一些问题是否有答案并不重要,而且有些问题的答案是开放的,不一定有一个标准的答案。学生思想碰撞的过程就是一种很好的学习方式,思想的火花在讨论和提问的碰撞中产生。

在康涅狄格州鲁米斯查菲私立学校(The Loomis Chaffee School),我听了一个毕业于耶鲁大学的历史老师马克关于《美国私立高中学生思辨能力的培养和教学》的讲座。这所学校非常重视对学生思辨能力的培养。

历史是充满神秘的,可以从历史的未解之谜开始,用设问的方式开展教学。比如,支持奴隶制的总统雕像,是搬走还是留下?一些殖民统治色彩的地名要改吗?小镇为赶走原住民的人建了英雄雕像,现在这个雕像还该放在学校吗?用问题驱动教学不是听教师讲述历史事件,而是学生自己去查看和了解当时的背景。给学生一个学习的理由。

批判性思维和创新思维的培养是要经历长时间的过程的。课堂的教学模式对学生思维的培养起着关键的作用。教师尽量不要先给想法,这样学生的思维才不会固化。在学生辩论时,教师要尽量让学生在宽松的环境下自由表达自己的思想。

四、形散而神不散的课堂

在课堂观察中,我还发现无论是小学课堂还是中学课堂,无论是私立学校、公立学校还是磁石学校,无论是普通高中还是职业高中,学生上课时都很自由自在,课室布置也十分多样化。有的课室布置很有学科特点,有的课室布置比较温馨,有家的氛围,如有洗手盆、煮开水的水壶、微波炉等生活用具,甚至有的还有沙发。课桌的摆放有小组的围桌,也有适合十几个人的大圆桌。上课时学生歪歪扭扭地坐着或站着,有的学生坐在地板上听课,有的学生甚至躺在地板上阅读,怎么舒服就怎么来。教师在课堂上也很自在,不会很拘谨,和学生的关系很融洽。教师跪在地上和学生平视来解答问题,校长蹲下来和学生交流,这些情形都经常看得见,但这只是一种表象。学生表面自由但不散漫,绝大部分学生都能专注在学习任务上,积极参与小组课堂活动。学生的自由度高,但责任心强,自己对自己负责,有一定的自我管理和自我约束能力。正因为学生养成了对自己负责的学习习惯,自由的表面形态下呈现的是内心高度自觉的学习行为。

五、学生为主体的课堂

在80多节课堂观察中,教师基本没有"一言堂"的。学生是课堂的主体,是主角,教师是指导者。教师的角色定位是训练员、辅导员,教师和学生共同学习。如果有些问题教师也不知道答案,就会鼓励学生查找答案,让学生有成就感。在知识方面,教师一般不会专门讲述。当学生需要时,教师才去讲。教师关注学生的能力培养,把资料给学生,让他们自学。小组活动时,教师只是在看到有需要帮助的小组时,才会介入小组学习活动,指导学生。教师主要是观察学生的学习活动和答疑。

六、书香四溢的课堂

阅读是通往成功的核心要素,美国K12课程有语言艺术课程和阅读课程。我们走访的学校都非常重视阅读,课室里有好多书,学生选读的材料也很多。阅读教学的材料是开放的,学校没有统一规定教师教哪一本教材,教师可以选择一些合适的文学作品,提供给学生阅读,让学生在课堂上进行交流和分享。阅读的教学方式也是多种多样的,教师可以根据学生的特点选择最适合的阅读教学方式。

下面讲几节阅读的课例。课例一:故事讲述课。学生扮演故事中的角色,其他学生就故事的内容进行提问。课例二:读书分享会。小组代表朗读课文,学生在听课文的过程中可以提问,教师或其他同学解答。学生课前都要阅读,这样才会提出比较多的问题并能参与各种问题的讨论。阅读课上提出的问题也很有意义,比如在分析文学中人文性格时,把学生本人性格和书中人物性格的异同做对比,提问"你和书中哪个人物的性格,在哪些地方是一致的?"

下面再展示一节纽约北部的一所十二年一贯制私立学校的英语文学课例。

第一步：课前5分钟测试。

第二步：在15个学生中请出9个学生朗读课文，课文朗读时间是10分钟。朗读从第16章开始。学生朗读课文，一人读一段，一个接着一个地朗读。教师让学生朗读已经学过的课文，目的是更全面地理解课文，发现一些没有发现的重要细节。在课文结构的梳理方面，通过提出有关课文的问题，来梳理课文。学生都积极参与课堂，表达自己的观点。从中可以发现，学生喜欢朗读。教师一边分析课文，一边提问学生，用思维导图的方式帮助学生理解课文。

第三步：学生对没理解的内容进行提问，用两分钟时间把问题写在电脑上。

第四步：学生提问，教师解答问题，其他学生也可以回答问题。

一个爱阅读的民族是一个强大的民族，一个爱阅读的学生是一个成功的学生。阅读课反映了美国非常重视对学生阅读能力的培养，方法也多种多样。尽管教师教授阅读的方式有所不同，但如何让学生学会阅读，培养学生的阅读能力，是教师普遍关注的问题。

七、后 记

80多节的课堂观察虽然不能代表多元文化的美国教育的特点，但可以从一个侧面反映出美国的教育情况。以上的观课都是常态课，可以比较真实地反映当地的课堂现状，而课堂是最直接和最真实地反映当地教育的一个媒介。

他山之石，可以攻玉。参访的学校，不完全是最好的学校，但这些学校的一些思想、理念和做法是值得我们学习的。我们要以辩证的眼光看待美国的教育，要审视自己的不足，根据自己的教学环境，发扬优点，取长补短，成就更好的自己！

参考文献

［1］王定华.美国基础教育：观察与研究［M］.北京：人民教育出版社，2016.

［2］［美］温迪·科普（Wendy Kopp），史蒂文·法尔（Steven Farr）.改写未来：美丽美国如何创造教育平等的世界［M］.胡晓燕，黄钰苹，译.浙江：浙江人民出版社，2013.

《英语学习成功者与不成功者在方法上的差异》读书笔记

广东省新丰县第一中学　李细娟

《英语学习成功者与不成功者在方法上的差异》这篇文章的作者是北京外国语大学教授文秋芳。她是博士生导师、北京外国语大学学术委员会主任、中国英汉语比较研究会副会长、中国英汉语比较研究会英语教学研究分会会长，是《中国外语教育》和《Chinese Journal of Applied Linguistics（中国应用语言学）》杂志主编，是国际杂志：International Journal of 编委会委员。这篇文章是文秋芳教授于1994年在南京大学外国语学院任教时写的。虽然是多年前的文章，但文章中对英语学习成功者和不成功者使用的学习方法的分析和研究，现在对我们指导学生进行英语学习仍然有很好的借鉴作用。

这篇文章运用定性研究的方法分析了一名英语学习成功者和一名不成功者使用的学习方法。研究结果表明，不同的学习方法是造成学生英语成绩有明显差异的主要原因。文秋芳教授在1991年针对"学习者可控因素对英语成绩的影响"这一课题进行了试探性研究。研究分三个阶段进行。第一阶段是调查问卷，建立了影响英语学习成绩因素的模型图。结果表明在对成绩有影响的因素中，有一部分因素是学生可以控制的，它们是管理策略、词汇策略、回避母语策略和容忍含混语言的策略。第二阶段是通过调查验证第一阶段的结果，补充说明学习策略运用的复杂性。第三阶段深入探究高分者和低分者在学习方法上存在的本质差别。

文章是第三阶段个案研究的结果，共分为四个部分。第一部分是作者提出的学习方法的理论模式，阐述了英语学习者的观念和策略。英语学习者的观念（beliefs）分为管理观念（management beliefs）和语言学习观念（language learning beliefs）。英语学习者的策略（strategies）分为管理策略（management strategies）和语言学习策略（language learning strategies）。第二部分是描述个案研究的设计，确定研究对象并进行数据收集。第三部分是报告结果，针对语言观念和策略上的差异及管理观念与策略上的差异进行详细的论述。第四部分是讨论结果，并根据结果对今后的教学工作提出建议。

在文章的第三部分，作者详细地论述了研究对象王红和李华在课外从事的听、说、读、写活动，阐述了她们由于管理理念和管理策略上的不同，产生了不同的学习效果。王红学英语的时间少于李华，而李华几乎付出了双倍的时间，两年后，在全国四级统考中，李华的成绩低于王红26分。下面我们具体了解一下研究对象的学习特点。

一、听力练习

王红的课外听力策略：一种是半精听，另一种是精听。半精听时，她只听一遍，精力主要放在内容上，但不忽略语言形式。她一边听，一边记笔记，既促进了注意力的集中，提高了对语言形式的意识程度，又训练了自己的写作能力。精听时，她要求听懂每一个字，每一句话。

李华花比较多的时间练习听力，但大部分时间心不在焉，一边听，一边做其他事情。因此，有效的听力活动并不多。

根据两位学习者听力练习的差异，教师在听力教学时，要指导学生注意语言形式，养成边听边记的习惯。这对提高广东听说口语考试的part B角色扮演和part C故事复述部分的应试能力是非常有用的。

二、口语练习

王红练习口语有两个特点。第一，她充分利用一切机会，不仅积极用英语进行交际，还自己对自己讲英语。第二，她不回避，也不用非语言手段解决交际过程中语言知识不够的问题。

李华却不愿在课堂上回答问题，有时知道答案也不想讲，课外也不练习，认为没有语言环境。交际时，如果想不起某个单词，就干脆不说了。

在课堂教学中，教师要不断创设让学生开口说英语的机会，通过小组合作学习、相互问答、互相讲述故事的形式，提高学生的英语口语能力。教师要多提供一些让学生展示的机会，如课前讲故事、英语演讲、诗歌朗诵等，给学生创设开口说英语的氛围。

三、阅读练习

王红的阅读材料比较广泛，有自选读物和教材。她的阅读方式有两种：一种是侧重点放在阅读速度和文章的整体阅读上；一种是精读，读懂每一句话和每一个字。对于阅读中的生词，她能区分出重要的和不重要的。她能把猜测词义和查字典有机结合，不孤立地记单词，而是记短语。她的单词学习涉及一系列的自我决策和选择。

李华只限于阅读教材，而且都是速读。有时预习课文时，她的阅读速度又非常慢。他用了许多时间查字典，抄词义和例句，没有进行必要的选择；什么单词都想记，不分重要与不重要，平均使用力气，花了时间但效果并不好。另外，她只记教材阅读课文中的词汇，不记课外阅读中出现的单词，限制了词汇量。

四、写作练习

王红除了完成教师布置的写作作业，还坚持用英语做笔记。她还将练听力和练写作相结合。她每写一篇文章，都要反复修改，改内容、改语法和用词错误，并让同学提出修改意见。

李华除了完成教师布置的写作作业，没有进行额外的练习。修改时只关注内容，没有注意语言形式上存在的问题。

五、讨论总结

王红和李华在学习方法上的主要差异如下：

（1）王红注意听、说、读、写的各项活动，认真完成教师布置的任务，还有自己的学习计划，两者相辅相成。李华不重视说和写的训练，课内不主动参与，课外也不利用时间自己练。

（2）王红在进行听和读的练习时有意识地分两种：精听和精读，半精听和半精读。不同的活动有不同的要求。李华的阅读活动也有两种：学习课内教材内容，注意力过多地放在个别单词上，花的时间多，但效果不佳。学习自选阅读材料，只看内容，不记生词。外语学习应该有双重目的：一是增加自己的语言知识；二是训练语言技能。在学习外语时，我们接触外语的机会有限，应该利用每一个机会，从而达到一箭双雕的目的。

（3）在英语学习中，王红有意识地避免使用母语，这对提高英语水平有促进作用。英语习得的过程也是和母语干扰进行斗争的过程。英语水平提高了，对母语的依赖就会降低。外语学习者通常有依赖母语的惰性，如果没有自身的努力，就很难摆脱对母语的依赖。

（4）管理策略的差异。王红成功地管理了自己的学习过程，掌握了学习的主动权，对自己有分析、有评价，对语言学习策略有选择、有评估，一旦发现问题，及时调整。李华对自己学习过程的控制远没到意识层面。对自身学习缺乏反思，对语言学习策略的盲目性、随意性强，因此对效果的好坏无法预计。

通过以上两个典型案例，我们可以看出学习方法对学习成绩有着直接的影响。英语教师应该从改变学生的不恰当观念入手，在方法上给学生加以点拨。

高中英语模块整体教学写作范式研究结题报告

广东省新丰县第一中学　李细娟

一、研究背景

高中英语课程目标已不再是传统意义上的语言知识的传授和语言基本技能的提高，而是着重培养学生综合运用英语的能力。如果沿袭传统的按课时或单元为单位的线性备课方式，英语课程五维目标是难以实现的。只有基于模块的整体教学设计，才能有计划、有目的、有步骤地将各项目标分解在具体的教学环节中。

此外，《课程标准》强调的是语言的功能，而不是语言的形式；强调用语言做具体的事情，而不是一般性地输出语言。我校处于粤北山区，学生的英语写作水平参差不齐，学生对写作有畏难情绪，有信心不足的心态。在这种情况下，本人开展了广东省中小学教学研究"十二五"规划课题——高中英语模块整体教学范式研究之写作范式的研究。

二、理论依据

1."模块（module）"原理

"英语整体模块教学法"运用的是"模块（module）"原理，其理论基础是唯物辩证法和系统论。辩证法和系统论认为，世界上的万事万物不是孤立存在的，而是相互联系的有机整体。系统论的基本思想方法是把所研究和处理的对象当作一个系统，分析系统的结构和功能。"英语整体模块教学法"正是把英语语法、词汇和语用能力的培养优化为若干个教学模块，同时把这些模块放在"英语学科"这个大系统中来研究和实践,其基本做法是把复杂的英语语法和3500个英语单词以及英语听、说、读、写等语用能力的培养优化为若干个教学模块。优化后的教学模块可使英语知识和语用能力的培养板块化、系统化,既能节省教学时间,又能提高教学效率。

2. 任务型教学理论

任务型英语教学是20世纪80年代在语言习得理论和交际教学思想的研究和实践基础上发展起来的语言教学理论。用语言做事体现了任务型教学的本质特点。任务型教学就是设定一个任务,让学生在完成任务的过程中习得语言。任务型教学能把形式与意义有机地结合起来,既重视语言的结构形式,又能为学习者提供交际机会。任务型教学重视学生在执行任务过程中的能力和策略的培养,重视学生在完成任务过程中的参与和交流活动。

3. 认知发展理论(Cognitive Development Theory)

本杜拉的社会学习理论(Social Learning Theory)认为,学习是在环境、学习者、认知行为三个要素的互动下进行的。合作学习的形式可以给学生提供自然的互动环境,使他们的认知行为得以顺利发展。合作学习的形式为学生之间的相互作用提供了更多的机会,使学生通过合作学习提高认知层次,促进认知的发展。

三、研究目的

本课题依据《课程标准》,旨在探索有效写作课堂教学范式,并通过整体设计、教学合一、同伴协作和人人成功的追求,不断改善课堂生态,实现以下教学的转变。

1. 改变高中英语写作课堂模式

整合教材内容与教学手段,引导教师研究课堂教学,处理好英语的输入与输出关系,利用手中的教学资源培养学生的写作能力,提高其英语综合应用水平。针对学生的实际情况,教师可以灵活地对教材中的内容进行合理取舍、重新整合、化繁为简等,做到依托教材、分析教材、抓住特征、创造性地使用教材。

2. 形成以学生为中心的写作课堂模式

学生的中心地位与教师的指导作用有机结合,由原来的以教师为中心真正转变为以学生为中心。在写作过程中，教师要精心设计教学任务，小组成员之间要进行必要的合作，共同探讨写作的内容、体裁和主题。组员之间要互相发问，阐述自己的看法。同时，各组员在全组共同讨论之后被要求独立完成写作，这不但增加了学生"学以致用"的机会，也增强了学生的写作兴趣，真正地体现了学生的主体地位，培养了学生的自主学习能力和合作意识，让学生觉得英语写作不再是一件难事或苦差事，而是一件乐事。同时，这种英语合作学习方式能真正地将听、说、读、写有机地结合起来。

3. 注重写作过程的评价

科学的评价机制能够激发学生合作参与的兴趣，激励他们取得更大的进步。终结性评价与过程性评价共同承担着提高学生综合语言运用能力、促进学生全面发展的任务。以"过程性的观察为主"的评价，评价学生的认知过程，从关注教师的教转变为关注学生的学。评价形式可结合学生自评、组员互评、组间互评及教师评价等多种形式。不宜采用绝对评价，而应从成绩、参与度进步情况等方面综合进行评价。

四、研究对象

研究对象是我所教的A1班和A2班。两班的班风、学风接近，学生层次相同；学生的基础基本相同，学生初中升高中的英语考试平均成绩和优秀率也没有明显的差异。从高一入学开始到高三，我进行了三年的跟踪。通过问卷调查，我发现初升高的学生普遍写作水平不理想，语言知识掌握不够扎实，写作技巧匮乏。学生对英语写作有畏难情绪，对写作方法和技巧不清楚。在研究中，我将A1班48人作为实验班，A2班48人作为对照班。学生写作存在的问题统计结果表，见表1。

表1 高中生写作存在的问题统计结果表（单位：人）

序号	具体项目	是	否	不清楚
1	对写作不感兴趣	61	20	15
2	写作方法不清楚	68	19	9
3	基础语言知识掌握不牢	63	21	12

续表

序号	具体项目	是	否	不清楚
4	比较少关注写作的批改	56	18	22
5	借鉴范文意识不够	59	24	13
6	对写作错误反思不够	61	21	14

五、研究方法与过程

研究方法主要采取行动研究法，辅以资料收集法、调查研究法、经验总结法。本课题的具体实施步骤分为三个阶段。

1. 准备阶段

成立课题组，明确课题组成员的具体分工，确定研究目标和实施步骤，组织课题申报。收集相关文献资料，了解国内外写作教学模式的种类和发展态势。文献整理与分析，通过对相关文献资料的整理、分析与比较，探究提升学生写作水平的途径与方法。

2. 实施阶段

通过调研并对教学模式进行深入研究。通过教学实验了解模块整体教学写作范式，由课题组成员从教学资源的科学性、知识性、可行性、适用性等方面对教学资源进行评价。针对问题，提出修改意见，为高中英语模块整体教学写作范式的具体运用提供参考和依据，形成写作范式研究报告。组织一年一度的课题研讨会，进一步加强课题组成员的沟通与交流。

3. 总结阶段

结合实验班研究实际，探讨高中英语整体模块写作范式研究的教学模式。在以上研究的基础上，在全校全面进行实体教学和整体模块教学的研究。

六、效果与反思

（一）学生反馈

1. 学生反馈之一

以前不喜欢写作课，觉得写作文好难，无从下手。现在在写作前，老师会给予一定的指导，给我们以写作微技能的指导。小组成员之间会互评互改，全班同学分享好的作文。通过教师指导以及与同学之间的交流和互动,提升了我的写作能力和写作水平,我现在感觉写作课没有那么难了。

2. 学生反馈之二

以前写作课,老师给题目,学生写作文,老师和学生在课堂中几乎没有什么互动,同学和同学之间也没有什么交流,感觉写作课很乏味,写作水平也没有什么提高。现在,老师在写作前会和同学们一起进行头脑风暴,将相关话题的英语表达提出来,接着给予一些写作技能如时态、句式、连贯性等方面的微技能指导,使学生对写作有了很好的把握。这让我喜欢上了写作,写作成绩也大大提高了。

(二)主持人反思和总结

本课题的研究取得了一定的成绩,也积累了一些有效的适合学生的英语写作教学模式。

1. 有效地进行了学习资源的整合

以主题来组织内容的模块为教师利用教学资源提供了便利条件,即模块间内容整合和模块整体内容重组的各部分内容可以相互支持、互为资源。此外,主题的内容还可以扩展,可以根据学科的特点、学生的接受水平和知识基础联系生活经验和现实生活。在《课程标准》下,整个高中阶段的英语是由几个模块组成的,每个模块又都是由相对独立又相互关联的若干个单元组成的。对每一个单元的教学设计既要体现本模块的主题,又要体现单元教学设计的整体性。模块间也可以多方面、多角度进行重组。英语教师的课堂教学行为要从过去那种将教学内容机械地分割、单一地学习的传统课时教学中脱离出来,树立从整体上考虑具体教学程序安排的"模块时间"概念。

2. 优化了模块整体写作范式

(1) Pre-writing——写作前

设计一些与写作内容相关的热身活动,激发学生对写作话题的兴趣,为写作积累一定的素材。让学生明确地知道写作的目的、对象和内容,以及写作的体裁要求。提示写作的基本策略与写作的基本框架。

写作案例:以Book 1 Unit 2 English around the world 话题写作为例。

假如你是初中英语教师Mr. Wang,你以前的学生李华在进入高中之后,觉

得英语学起来比较难,苦恼之余写信向你求助。请你给他写一封回信,给他提供一些英语学习方面的建议。提示如下:

① 学习英语的必要性;

② 介绍在日常学习生活中能够学好英语的方法,如扩大词汇量、多用英语与人交流等;

③ 劝他不要轻易放弃,坚持才能取得进步。

教学片段1:

教师设置两个brainstorm小组活动,让学生通过写前活动积累写作素材,为写作做好铺垫。

活动一:The importance of English.

活动二:The way to learn English well.

教学片段2:

为了让学生掌握写作的体裁、目的、对象和内容,教师通过教师提问学生回答的方法,掌握学生基本的写作框架。

① What kind of article will we write according to Chinese?

② What is the purpose of the article?

③ Who will you write to?

④ What is the content of the article?

(2) While-writing——写作中

明确写作时间,教师巡回辅导,学生独立习作。写完后,学生自我检查,注意语法、词汇、逻辑、衔接,然后小组根据评价表进行互评(见表2)。小组互评后,一起讨论挑选出一篇代表本组的作品,并派代表展示各组作品。

表2 Evaluation Form

Items	Basic Requirements	Assessment		
		Standard Scores		Scores
Content	Have a topic, a complete main part and a good ending	6	4	2
Structure	Clear structure	3	2	1
Linking words	Appropriate linking words	3	2	1

续 表

Items	Basic Requirements	Assessment		
		Standard Scores		Scores
Words & Sentences	Use nice words and sentences wisely	5	3	1
Grammar	Use grammar properly (tense, voice, agreement, etc.)	5	3	1
Punctuation & Handwriting	Use punctuation correctly, have beautiful handwriting	3	2	1
Total				

（3）Post-writing——写作后

教师点评学生习作，指出体裁是否恰当，篇章结构、语言特征是否合理规范，最后让学生欣赏和学习范文。

Dear Li Hua,

I am sorry to hear that you're having trouble in learning senior English. So I am writing to share my opinions on how to learn it well with you.

First, you should try your best to <u>enrich your vocabulary</u>, <u>such as</u> by changing forms of words and doing more reading. Second, you'd better <u>make full use of</u> what you've learned to <u>communicate with others</u> in English. Third, it's good for you to watch English programs on TV or join in some English clubs. Last but not least, never give up easily.

<u>As long as</u> you follow the above advice and keep on practicing, I am sure you will <u>make progress</u> sooner or later. Looking forward to your reply.

Yours,
Mr. Wang

这次研究取得了一定的成绩，但是我也意识到了一些问题，主要体现在：少部分英语基础比较薄弱的学生在小组合作活动中表现不够积极，有点儿过于依赖小组成员；他们主动意识不够强，不会结合自己的情况去改进，写作水平进步不够明显。在今后的写作教学中，我应重视不同层次学生语言知识的积累，有意识地分层指导学生积累语言知识和写作素材。对于一些反复出现的语言错误，教师要加强指导。

七、课题研究的理论价值和应用价值

在高中英语教学中，写作教学占据非常重要的地位。每年高考试卷中写作所占的分值都很高。此外，随着社会的发展，英语的交际作用日益突现，因此提高学生的写作水平相当紧迫和重要。高中英语模块整体教学写作范式的研究，主要研究学生在高中阶段写作中存在的问题及问题的纠正方法。要培养学生的写作技巧，让学生觉得英语写作是一件乐事。课题研究倡导学生以积极的心态主动求知，自主发展。学生在活动中互相交流与合作，共同完成目标，这可以使学生养成良好的学习习惯。教师建立愉快互动的教学氛围可以达到提高教学质量的目的。

本课题实践表明，高中英语模块整体教学写作范式是受到学生、教师和家长欢迎的，得到了社会和教育部门的重视，给英语课堂教学带来了新的气息，培养了学生自主学习、合作学习的习惯，使学生养成了良好的英语写作习惯。因此，实验是非常成功的，具有很高的应用和推广价值。

参考文献

［1］何广铿.英语教学法教程理论与实践［M］.广州：暨南大学出版社，2011.

［2］朱晓燕.外语教师如何开展小课题研究：实际操作指南［M］.北京：外语教学与研究出版社，2013.

［3］常新萍.语言的形式、意义与语言学习者［M］.广州：中山大学出版社，2014.

［4］张虹，李军华，王军，等.在高中英语写作课堂中使用同伴评价提高学生识错能力的行动研究［J］.中小学外语教学，2012（6）：23—29.

［5］陈凤梅.基于同一话题的高三英语写作教学［J］.中小学外语教学，2013（1）：30—35.

［6］陈则航，国红延.行动研究中测试和问卷数据的整理和分析［J］.中小学外语教学，2014（7）：31—36.

《运用同伴评价提升高中英语写作能力的研究》结题报告

广东省新丰县第一中学　李细娟

一、课题简介

本课题是韶关市中小学教育科研课题。课题主持人：李细娟；课题成员：嵇志锋、罗宝雅；课题批号：sgjky15260；课题研究的核心内容是运用同伴评价提升高中英语写作能力。

二、研究背景

我校学生普遍英语语言表达能力比较薄弱。传统的写作模式是教师提供写作材料命题，学生在课堂或课后完成写作任务，然后教师批改，最后教师在课堂上讲评作文。在这种写作教学模式中，教师是唯一的评价标准，只注重教师对学生写作技巧和语言微技能的指导，缺乏多元评价。学生通常只看分数和批改部分，看完就放在一边，没有进行反思和修改，因此写作能力得不到明显的提高。因此，我们开展了运用同伴评价提升高中英语写作能力的研究。通过课题的研究，查漏补缺，找出教学工作中存在的问题和改进措施，促进教师教学行为科学化，提高教师的教育科研水平。

三、研究目的和内容

通过同伴评价起到激励的作用。评价有利于提高学生的学习兴趣，使学生更有信心和成就感。

写作评价的过程就是学生学习的过程。通过分析写作的内容、写作的结构、写作的语言、写作中的过渡词、写作中的文体等，并进行互相评价，学生可以发现同伴写作的亮点和缺点，取长补短，从而提升写作能力。

四、研究方法与途径

1. 行动研究法

在实际工作需要中寻找课题，在实际工作过程中进行研究，由实际工作者与研究者共同参与，使研究成果为实际工作者理解、掌握和应用，达到解决实际问题，改变社会行为的目的。

2. 资料收集法

调查方法的核心内容分为两大类：直接调查方法和间接调查方法。访谈法、观察法和实验法属于直接调查方法；文献法和问卷法属于间接调查方法。

（1）观察法

教师有计划、有目的地观察学生在写作互评过程中的行为表现，从而直接感知和记录学生对英语互评的操作情况及存在的问题，并及时修正。

（2）实验法

根据实验目的，教师对英语写作课堂教学模式进行设计、探索，对课堂教学现象做记录、分析，并寻求最佳小组合作互评的有效机制。

3. 问卷调查法

通过问卷调查，了解学生对写作及写作评价的看法，并及时调整评价策略。

4. 经验总结法

根据实践研究所提供的事实，分析概括教学现象，挖掘现有的教学经验，透过现象看本质，使之上升到理论高度，从而更好地改进教学。

五、研究结果

课题组经过两年的实践与探索，取得了一些经验和成绩。

（1）课题组完成了所有的结题研究材料，形成了课题实施总结。其中，课题研究报告反映了课题实施过程在不同阶段所取得的成绩。首先，成立课题小组，确定实验对象、实验教师，落实组织分工，制订实验方案，组织实验教师进行学习培训，并查找、收集相关资料，寻找理论上的指导和帮助。其次，调查了解实验对象的英语写作情况，依据课题研究方案有计划、有步骤地开展实验，收集整理研究材料，对实验资料进行分析、统计。再次，和参与课题的教师通力合作，收集材料、制作课件、编写教案，并充分运用到课堂教学中。最后，组织参与课题的教师开展研讨课、公开课、示范课，并在英语组进行说课、评课反思，取长补短，集思广益，同时及时总结和调整研究方案。

（2）完善资料，总结本课题研究，整理相关的资料、成果，完成课题研究报告。课题实验的研究方法得以实施，可操作性强。通过实验形成以下可行的针对学科特点和研究内容的方法。如观察法：有计划、有目的地观察学生在评价过程中的行为表现，从而直接感知和记录学生英语写作评价的可操作性。实验法：根据实验目的对英语课堂教学模式进行分层设计、探索，对课堂教学现象做记录、分析，并寻求最佳的通过多元评价提升英语写作能力的教学策略。综合分析法：通过综合法和分析法对所记录的现象和收集的数据进行具体分析和处理。问卷调查法：通过不同阶段的问卷调查了解学生对写作及写作评价的看法，并及时调整评价策略。归纳法：使用归纳法总结受试者的各方面情况，提出解决各方面问题的具体措施和实施方案。

（3）学生取得可喜成绩。课题实施过程注重培养学生的批判性思维品质，并通过对同伴习作的评价，提升学生自身的写作水平。这充分体现了"以生为本"的人文精神，既提高了学生的写作能力，又培养了学生的综合素养。以下是高一第一次月考和高二第三次月考写作部分学生成绩的对比，见表1。

表1　高一第一次月考和高二第三次月考写作部分学生成绩对比

姓名	高一月考一	高二月考三	姓名	高一月考一	高二月考三
李澳琪	15	20	余清泉	9	15
李琪琪	14	20	陈建鑫	9	14
容志豪	11	18	张鸿林	11	18
梁维	10	16	李家烽	15	19
陈振鹏	16	22	谭小龙	14	18

（4）教师的科研能力和教学水平得到提高。本课题研究人员均为一线教师。课题主持人李细娟是中学英语高级教师，韶关市优秀英语教师，韶关市学科带头人，新丰县学科带头人，参加过2014年省级骨干教师培训，2015年被选为广东省新一轮"百千万人才培养工程"第二批高中文科名师培养对象。近五年来，她主持了一个省级课题并已结题，参与了一个省级课题，主持了一个市级课题并已结题，参与了两个市级课题，其论文、课例多次在市县教育学会获奖。课题组成员嵇志锋、罗宝雅老师积极参加各项教科研活动，通过两年的课题研究，两位教师在教育科研和教学能力方面都有了比较大的提高。

① 课题组成员掌握了调查问卷法、行动研究法、经验总结法等研究方法，有效地提高了我校英语教师的科研能力，学校科研氛围比较浓厚。

② 课题组成员通过大量的示范教学活动和相互交流学习，不断创新探索，撰写了一些高质量的高中英语优秀教学课例及相关的教科研论文等。我们课题组教师撰写的三篇论文获市二等奖，其中一篇论文在省级刊物发表。这些成果在我校的高中英语教学中发挥了积极的作用，推动了我校的英语教学改革。

2015年12月课题主持人李细娟的论文《高中英语写作课堂学生互评存在的问题及对策》，荣获韶关市中小学英语教研会第八届第三次年会论文评选二等奖，在省级刊物《文理导航》上发表。

2015年12月课题组成员罗宝雅的论文《同伴互评在高中英语写作中的运用》，荣获韶关市中小学英语教研会第八届第三次年会论文评选二等奖。

2016年12月课题主持人李细娟的论文《运用多元写作评价促进高中英语写作》，荣获韶关市中小学英语教研会第八届第四次年会论文评选二等奖。

2016年12月课题主持人李细娟在"广东省百千万第二批高中文科名教师培养对象赴台培训项目"中，携带课例在台湾高雄市立中正高级中学进行示范研讨讲课。

2017年4月课题主持人李细娟参加广东省教育厅主办、广东省外语艺术职业学院承办的广东省中小学新一轮"百千万人才培养工程"培养对象第二次走进乡村教育活动，在韶关市乐昌进行示范带学，效果良好。

课题实践表明，《运用同伴评价提升高中英语写作能力的研究》受到学生和英语教师的欢迎，受到教研室的关注，给写作课堂教学带来了新的气息，培养了学生自主学习、合作学习的学习能力，提升了学生的核心素养。这个实验非常成功，具有比较高的应用和推广价值。

第二篇
教学风格

我的教学风格

——学教互动　平等和谐

为人低调、动静相宜、自然优雅的我，热爱学生，热爱教学。我经常思考课堂教学，希望找到适合学生和自己的课堂教学模式。

每次上课前，我都会对课堂教学进行精心准备、潜心研究，设计好教学的每个细节。我的课堂是和谐平等的，师生没有紧张的情绪，能够感受到教与学的快乐。

一、学教互动

教学相长，学教互动。我把教学活动看作是师生之间进行的一种真诚和谐的交往、沟通、理解和合作，把教学过程看作是一个动态发展着的教与学的统一交互的过程。在这种动态生成的课堂中，教与学是双向的、互动的，包括师生互动、生生互动。

我和学生真诚地交流、沟通，分享快乐，共同成长；同时在指导学生自主学习、自主发展的互动教学中，提供足够的针对性指导，以帮助每个学生实现适合自己的个性化智能建构。

二、平等和谐

在课堂教学中，我用平易近人的语气、神态与学生交流，摒弃"师者为尊"，让每一个学生有被尊重的体验；我真挚坦率地与学生平等相处，努力创造一种宽松和谐的氛围，建立融洽和谐的师生关系。

"为了学生的发展"是《课程标准》的核心理念，其实施需要平等互助的师生关系，需要自然宽松、平等和谐的课堂氛围。只有这样，学生的智力才能得到最大限度的发展，学生的学习兴趣和学习热情才会被激发，学生的语言能力和学习能力才能得以提高。

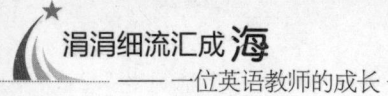
涓涓细流汇成海
——一位英语教师的成长

我的成长经历
——长大后我就成了你

工作是幸福的，和学生在一起更是无比快乐和充实的——这是我从教29年的深切体会。1990年我毕业于华南师范大学，回到家乡新丰县担任英语教师。29年来，我为自己钟爱的教育事业默默地奉献青春年华，无怨无悔。

一、中学时代的梦想——英语教师

中学时代，我的英语成绩在班里几乎都是第一名。我对英语的喜爱胜过任何科目，这与我初中时的英语老师黄益仁老师对我的鼓励和关爱是分不开的。黄老师是个活泼全能的老师，课堂活动很多。每次的朗读和对话活动，黄老师都会让我参与，这使那时有点小自卑的我建立了自信，对英语非常钟爱。从那时起，我就立志要成为一名出色的英语教师。初中时对英语的热爱奠定了我高中英语学习的基础。高考时，我以学校文科第四名的成绩考入了华南师范大学。一个县城的学生进入这所华南地区最好的师范大学，是多么不易和幸运的事。大学期间，我对英语有了更广泛的了解和更深入的学习，这为我今后的英语教学能力提供了有力的保障。

二、六个五年计划——我的教学成长记录

1. 第一个五年计划（1990—1995年）——初涉教坛，进行初高中教学

大学毕业，我被分到离县城5千米远的新丰县丰郊中学任教，那是一所乡村学校。当时全县科班毕业的英语教师很少，许多英语教师都是进行半年的培训

就担任英语教师的。由于丰郊中学是一所农村学校，英语师资比较欠缺，我又是学校为数不多的专业英语教师，因此学校非常重视我，安排我担任高中英语教师。第一年我担任高一和高二跨年级的英语教学工作，第二年我担任高三年级教学工作。由于学生初中没有打好基础，高中英语学习很是吃力，于是我和只是小我一两岁的，几乎和我同龄的学生（乡村学生入学迟）一起努力学习英语，运用自己在大学学习的英语教学技能将英语知识传授给学生。由于初涉教坛，再加上学生基础薄弱，教学存在一定的困难。当时学生用的教材和我读高中时用的教材一样，为了准确把握高中英语语言语法的重点和难点，我把自己读高中时英语笔记上所记的语言语法知识点，利用到课堂教学中，使学生的英语水平有了提高。后来，由于高中撤并，我转教初中。初中教学，我更注重课堂教学方法和基础知识的学习，并努力培养学生对英语的兴趣。

2. 第二个五年计划（1996—2000年）——初中教学能力形成

在新丰县丰郊中学任教五年后，我被调到新丰县重点中学，新丰县第一中学任教，这五年是我形成良好的初中英语教学能力的一个时期。1995年7月我被调到新丰县第一中学，我的母校，担任初中毕业班的教学工作。第二年我再次留任初中毕业班教学。第三年我担任初一教学并一直带班到初三，从而进行了一轮完整的初中教学。在这五年里，我积累了初中英语的教学经验。在新丰县丰郊中学任教的第一个五年，由于学校师资匮乏，教学经验交流的机会很少，我基本都是自学，自我提高。在县重点中学，有经验的教师比较多，特别是学科组长陈真够老师，从她身上我学到了很多有效的初中毕业复习备考的方法。陈老师很耐心、很细心地指导我，很幸运可以和陈老师一起教学。我从她的身上学到什么叫敬业，什么叫示范引领。虽然换了新的工作环境，但经过自身的努力和陈老师等的帮助，我成了一名学生喜爱的教师。现在这批"80后"的学生将近40岁了，很高兴还能时不时地收到他们的祝福。

3. 第三个五年计划（2001—2005年）——高中教学新挑战

2000年，新丰县第一中学转型为纯高中，这就意味着初中教师要么分流到别的初中学校，要么继续留下担任高中教学工作。留任高中的教师必须在五年内获得本科学历。1990年我从华南师范大学毕业，获得英语专科学历，当时大学英语专科毕业的老师全县也没有几个，但过了十年，本科学历的教师越来越

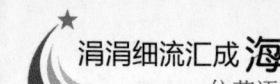

多,学校对教师的学历要求也提高了。不学习,就落后。面对压力,我重新拾起大学本科入学考试的复习资料,苦学半年,把遗失的大学英语知识拾回,参加了自学考试。当时参加考试的教师也挺多的。我参加了专业教育学和心理学的考试,被广州大学录取,进行了为期三年的函授学习。那三年,我除了要担任学科教学的重任,还要利用寒暑假和部分上课时间去大学接受面授。经过三年的努力,我终于顺利取得本科学历。在教学方面,由于近五年担任初中英语教学工作,我对高中的英语教学有点生疏了。在2000年9月至2001年7月,学校委任我担任高二英语教学工作;2001年9月至2003年6月,学校安排我担任高三英语教学工作。两年高三毕业班的教学工作,对我来说有很大的压力和挑战,除了有来自研修学习方面的压力,还有在新丰县重点中学高三教学的压力。那几年,我经常备课到深夜十二点甚至凌晨。2001年到2003年是我教学生涯中最艰难的三年,但也是收获最多的三年。在2003年,我被评上了高中英语高级教师、韶关市优秀英语教师、县优秀教师、县优秀班主任。更重要的是,我从初中英语教学成功地转型到高中英语教学,在高中英语教学方面积累了一定的经验,培养了高中英语的教学能力。

4. 第四个五年计划(2006—2010年)——高中教学稳定期

在这个时期我的教学能力基本是稳定的,但《课程标准》的学习和英语教学改革、考试改革,使我不断地反思自己的英语教学方式。我尝试了以学生为中心的教学形式,通过小组合作学习培养学生的学习能力和合作意识。这段时间我也在不断地思考学生情感与英语学习方面的联系,对学生进行英语学习兴趣的培养,并逐渐形成一定的方法,使教学能力稳中有升,于2009年我被评为新丰县首批学科带头人。

5. 第五个五年计划(2011—2015年)——高中教学能力提升期

在2010年下半年,我校在朗声英语教育教学研究中心、广东省教育研究院高中英语教研员黄自成老师的指导下,英语教学理念有了全新的改变。这使我对高中英语教学的思考和探索有了引领和指导。2010年8月,我由担任了五年的政教副主任转为学校新设立的教研室副主任。由于工作的关系,我有更多的时间和机会接触教学方面的专家,提升了自身的教研能力。这几年,我多次参加朗声英语教育测评研究中心的学习交流会,参加高三英语备考会、高三英语复习示范课等教研活动。2011年在黄自成老师的指导下，我参与了广东省中小学教育研究"十二五"规划课题《高中英语整体模块教学范式研究之写作范式的研究》，撰写了论文和多项优秀课例，并获得市级奖。2014年我参加了广东省骨干教师的培训，还在慕名已久的执信中学跟岗学习了21天。我得以有机会和名校近距离接触。我们的跟岗指导老师，广东省名师工作室主持人林佩华老师，热情地接待了我们。林老师给我的第一印象是务实、细致、没有架子。跟岗学习的21天时间，我最深的体会是学生很棒，教师很牛！教师非常重视基础的学习及能力的培养！这么优秀的学生都要重视基础，这对山区学校英语的教与学是一个很大的启示！

经过自身的提高和努力，2014年我被评为市学科带头人。2015年2月我申报了广东省新一轮"百千万人才培养工程"第二批高中文科名教师培养对象。3月我参加了广东省教育厅组织的面试答辩，4月得知遴选结果。很荣幸，我成为25名广东省新一轮"百千万人才培养工程"第二批高中文科名教师培养对象中的一员。7月我们进行了第一次集中培训，我认识了来自全省各地的优秀同学。在为期一周的学习中，我了解了这个项目的意义：广东省"百千万人才培养工程"是广东省基础教育高端研修项目之一。在这个项目里，我有机会聆听来自全国各地的教育大咖的讲座，如优秀的理论指导老师，中山大学常新萍教授；实践指导老师，广东省名师工作室主持人，北京师范大学附属中学（珠海）崔雅儒老师；还有学术丰厚的学术班主任，华南师范大学宋春燕博士和体贴细致的行政班主任；更有来自全省各地的非常优秀的"省百"同学。在他们那里，我很清醒地意识到来自山区县的我和他们的差距不是一般的大，尤其是来自发达的珠三角的同学，他们学识广，能力强，视野开阔，更重要的是，他们都很拼搏。他们就是我的榜样，激励我不断学习，努力前行，努力与他们缩小差距。

6. 第六个五年计划（2016—2020年）——职业生涯成熟期，教育思想凝练期

2016年新的一年开始，我在思考自己的第六个五年计划，希望在自身的不断努力下，在更多的名师、名家指导下，我能在近30年的教育生涯中有一个突破。这是我对自己的一种鞭策，也是对自己的一份承诺——成为一个有教育内涵、有教育质感的人。

这五年要想成为更好、更完美的自己，注定要拼、要搏。很幸运有"省百"这些同学，他们让我有更多的机会去实现自己的理想和抱负。我积极开展英语教学改革，注重改变课堂生态，让学生进行小组合作学习。我参加的广东省中小学教育研究"十二五"规划课题《高中英语整体模块教学范式研究之写作范式的研究》结题，市级课题《运用同伴评价提升高中英语写作能力的研究》在2017年顺利结题。我通过课题带动教学，收到了很好的教学效果。我主动承担各级公开课和示范课并参加各类讲座，还在韶关、广州、佛山、珠海、肇庆、惠州、汕头、台湾、美国康涅狄格州等地进行示范带学。2016年12月我参加省"百千万人才"培养对象活动，赴台研修，在台湾高雄中正中学上了一节示范课，获得了台湾同行的好评。2017年11月我参加了广东省教育厅组织的教师与学生发展指导的创新机制学习，赴美研修，在康涅狄格州的East Hampton High School上了一节Chinese Spring Festival的示范课，展示了民族自豪和文化自信，得到了美国同行的赞许，起到了很好的示范作用。

功夫不负有心人，2017年10月我被评为广东省中小学名教师工作室主持人（2018—2020年），2018年入选广东省（第一批）中小学幼儿园教师、校（园）长研训专家库，2018年7月被聘为韶关学院省级中小学教师发展中心培训专家，2018年7月被聘为韶关学院省级中小学教师发展中心兼职教授，2018年7月被评为广东省特级教师，2018年12月被评为广东省高中英语正高级教师。

在自身提高的同时，我没有忘记对青年教师的培养和指导。我毫无保留地把自己积累的教育教学资料和经验传授给学校的年轻教师和外校求教的教师们。我通过师徒结对的方式培养青年教师26人，为期一年。我指导青年教师参加省、市、县各类比赛，获奖20多项。我在广东省新一轮中小学名教师工作室主持人（2018—2020年）培养活动中培养了来自韶关七县一区的骨干教师10人，培养期为三年。我与22名乡村薄弱学校的教师结对子，送教下乡，帮扶指导薄弱学校的教师。我所在的工作室招收网络学员100名。名师工作室网络平台有录像课、微课、教学体会、课件、教案、论文、专家讲座等材料，形成网络学习共同体，进行网上同步课堂教学。同时建立了工作室公众号，利用公众号平台，分享工作室的教研教学成果，让更多教师一起共行、共研、共进！

人生有多少个十年，教学生涯有多少个五年。既然爱了，就要爱得深沉；既然选择了，就要无怨无悔。我们的教育生活似乎很普通、很平淡，没有什么轰轰烈烈的教育元素，但正是这种教育的朴素之美，才是最自然、最永恒的东西。我将继续坚守山区英语教育这三尺讲台，也相信山区英语教育能开出更美丽、更灿烂的教育之花！

我的教学实录

❖ When You Are Old 教案 ❖

教材版本：课外文本

教师姓名：李细娟

学　　校：新丰县第一中学

教师年龄：48岁

教　　龄：28年

职　　称：中学英语高级教师

【教学资料】（Teaching Materials）

When You Are Old 是爱尔兰诗人威廉·巴特勒·叶芝（William Butler Yeats）的代表作。这首诗浪漫唯美，语言简单，比较容易掌握。诗歌是英语文学的最高艺术形式，具有很强的知识性和文化性。为了增加学生的英语文化知识，提升学生的艺术修养，巩固学生的语言知识，我运用了欣赏、理解、诵读和诵读比赛、中英文互译、中英文歌曲欣赏等形式，让学生感受"诗境"，体会英语诗歌的美。

本节课注重发展学生英语学科核心素养的六个要素：主题语境、语篇类型、语言知识、文化知识、语言技能和学习策略。

1. 主题语境

通过诗歌欣赏和诵读，培养学生的语言能力、文化意识、思维品质和学习能力。同时，通过中外文化比较，培养学生的逻辑思维能力和批判性思维能力，引导学生建构多元文化视角。

2. 语篇类型

When You Are Old 是一首诗歌，通过学习语篇所承载的历史文化背景和情感思想等深刻内涵，引导学生学会欣赏语言的意义和美感，丰富生活经历，体验不同情感，树立正确的世界观、人生观和价值观。

3. 语言知识

语言知识包括语音知识、词汇知识、语法知识、语篇知识和语用知识。本节英语诗歌欣赏与诵读课注重语音知识的学习，包括重音、语调、节奏、停顿、连读、爆破、同化等。

4. 文化知识

本节课通过英语诗歌欣赏与诵读——*When You Are Old*，让学生了解中外文化知识，在语言学习活动中理解文化内涵，比较文化异同，汲取文化精华，坚定文化自信，充分掌握中外多元文化知识，认同优秀文化，促进英语学科核心素养的形成和发展。

5. 语言技能

本节课通过英语诗歌欣赏与诵读——*When You Are Old*，培养学生听、说的技能。听是理解性技能，说是表达性技能。理解性技能和表达性技能在语言学习过程中应该相辅相成、相互促进。

6. 学习策略

运用认知策略、交际策略和情感策略，发展学生自主学习和合作学习的能力。

【教学情况】（Students' Situation）

高三（18）班是一个理科班，全班共有50名学生，男女生各25人。全班共分8个小组，大部分学生的学习积极性还是比较高的，能够按时完成老师布置的各项任务。学生比较少上诗歌欣赏和诵读课，除了学习人教版《高中英语·选修》第六册Unit 2 Poems 外，很少接触诗歌这种形式的语篇，学生对诗歌的认知还是浅层化的。根据学生原有对诗歌的认知，通过欣赏、诵读、英文互译、英文歌曲展示等形式，帮助学生理解诗歌的内涵；通过小组合作诵读及多元评价方式，引导学生学会欣赏诗歌，感受诗歌的魅力，锻炼英语口语表达能力。

【教学目标】（Teaching Aims）

1. Knowledge aims

（1）Let the students know how to appreciate English poetry.

（2）Let the students know how to read English poetry.

2. Ability aims

（1）Develop the students' ability of speaking English.

（2）Let the students know and understand more about the poem.

3. Emotional aims

（1）Let the students have a better understanding of the poem and an ability to treasure the persons around us.

（2）Develop the students' sense of group cooperation.

【教学重难点】（Teaching Key Points and Difficult Points）

1. Teaching key points

（1）Make the students understand the whole chapter comprehensively.

（2）Master how to read the poem gracefully.

（3）Master the skills of reading aloud.

2. Teaching difficult points

（1）How to make the students master the skills of reading and speaking step by step.

（2）How to improve the students' ability of speaking and expressing themselves in English.

【教学准备】（Teaching Aids）

（1）Multimedia：Arouse the students' interest.

（2）A blackboard design：Be good for creating the positive classroom climate.

【教学方法】（Teaching Methods）

（1）Student-centered approach.

（2）Communicative approach.

（3）Cooperative approach.

【教学过程】(Teaching Procedures)(见表1)

表1　Teaching procedures

Steps	Teacher	Students	Purpose
1. Warming up	Read a short passage and ask the students to list the benefits of reading aloud.	List the benefits of reading aloud.	Arouse the students' awareness of reading aloud.
2. Appreciate the poem	Guide the students to understand the poem step by step.	1. Learn the words. 2. Listen carefully and fill in the blank. 3. Find the rhyming words. 4. Share feelings of the poem.	Make the students understand the poem deeply.
3. Read the poem gracefully	Show the students how to read the poem gracefully.	Read after the video. Pay attention to the skills of reading aloud.	Ensure the students to know how to read the poem gracefully.
4. Group competition	Arrange the competition.	Group competition. Read the poem emotionally.	Improve the students' skills of reading aloud and make the students learn cooperation.
5. Appreciate the song	Show the students another way of appreciating the poem.	Appreciate the song — *When You Are Old* and sing the song in English and Chinese.	Let the students feel the poem in a different way.
6. Summary and self-evaluation	Help the students evaluate themselves.	Self-evaluation.	Have a better understanding of themselves.

【板书设计】(Blackboard Design)

Title: *When You Are Old*

Brainstorm: The benefits of reading aloud

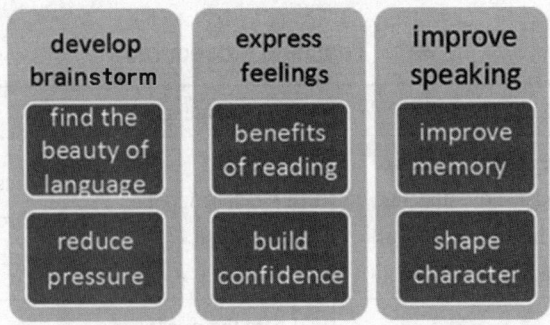

【教学特色】（Teaching Features）

1. 突出主题语境

充分挖掘特定主题所承载的文化信息和发展学生思维品质的关键点。鼓励学生学习和运用语言，开展对语言、意义和文化内涵的探究活动。同时，通过中外文化对比，培养学生的逻辑思维能力和批判性思维能力，引导学生建构多元文化视角。

2. 激发学生兴趣

通过小组成员合作和各组的竞赛活动，激发学生的参与意识，培养学生的理解和表达能力。

3. 突出文化知识

诗歌学习不仅需要知识的积累，还需要深入理解其精神内涵，并将其中的优秀文化进一步内化为个人的意识和品行。这是一个内化于心、外化于行的过程，涉及几个步骤的演进和融合：感知中外文化知识——分析与比较；认同优秀文化——赏析与汲取；加深文化理解——认知与内化；形成文明素养——行为与表征。

【教学反思】（Teaching Reflection）

本节是英语诗歌欣赏与诵读课，选取了爱尔兰诗人威廉·巴特勒·叶芝（William Butler Yeats）的代表作 *When You Are Old*。这首诗浪漫唯美，语言简单，比较容易掌握。本节课首先是让学生感知，接着是让学生诵读理解，然后是诵读比赛，最后是诗歌的歌曲欣赏。通过这些活动，可以让学生感受"诗境"，体会英语诗歌的美。本节课充分挖掘特定主题所承载的文化信息，发展学生的思维品质；鼓励学生学习和运用语言艺术，开展对语言艺术、意义和文化内涵的探究。同时，通过中外文化比较，培养学生的逻辑思维能力和批判性思维能力，引导学生建构多元文化视角；通过小组成员合作和各组的竞赛活动，激发学生的参与意识和学习兴趣，培养学生的语言理解能力和表达能力，增加了学生的英语文化知识，提升了学生的艺术修养，达到了预定的教学目标，效果良好。

文化学习不仅需要知识的积累，还需要深入理解其精神内涵，并将优秀文化进一步内化为个人的意识和品行。本节课学生对这首诗歌有了初步的感知和了解，在今后的教学中，我还要多选择一些不同类型的文化题材，引导学生学习并深挖其内涵，进一步提升学生的文化感知能力。

When You Are Old 学案

Step 1：Warming up

Group work：Brainstorm and list the benefits of reading aloud.

Step 2：Appreciate the poem

1. Learn the words.

（1）Yeats　　　　/jeɪts/　　　　　n. ［人名］叶芝

（2）nod　　　　　/nɒd/　　　　　v. 点头

（3）shadow　　　/'ʃædəʊ/　　　　n. 阴影

（4）pilgrim　　　/'pɪlgrɪm/　　　n. 朝圣者；追寻者

（5）sorrow　　　/'sɒrəʊ/　　　　n. 悲伤

（6）murmur　　　/'mɜːmə(r)/　　n. 低语 v. 低声说

（7）flee　　　　　/fliː/　　　　　v. 消逝

（8）hide　　　　　/haɪd/　　　　 v. 隐藏；遮蔽

（9）amid　　　　/ə'mɪd/　　　　prep. 在……中

（10）crowd　　　/kraʊd/　　　　n. 人群；一群

2. Listen carefully and fill in the blanks.

When You Are Old

by William Butler Yeats

When you are old and grey and full of _____

And nodding by the fire, take down this _____

And slowly read, and dream of the soft _____

Your eyes had once, and of their shadows _____

How many loved your moments of glad _____

And loved your beauty with love false or _____

But one man loved the pilgrim soul in _____

And loved the sorrows of your changing _____

And bending down beside the glowing _____

Murmur, a little sadly, how love _____

And paced upon the mountains _____

And hid his face amid a crowd of _____

3. Find the rhyming words.

_____

_____

_____

4. Please share your feelings of the poem with your classmates.

_____

_____

_____

Step 3：Read the poem

Read after the video.

Notes：

|：pause.

/：rising intonation.

\：falling intonation.

Red words：stress.

Yellow words：liaison / sound-linking.

Step 4：Competition——Read the poem emotionally

淘汰赛：各小组成员比赛，胜出后，进入第二轮比赛。两个抽到Lucky dog的学生直接进入第二轮比赛。

评 委：小组长。

内 容：诗歌分为三段。抽签。A1表示A组读第一段。以此类推。

Round 1：

1. A1 VS. A2 VS. A3

2. B1 VS. B2 VS. B3

Round 2：

A1 VS. A2 VS. A3

Evaluation form 见表1。

表1　Evaluation form

Items	Marks
1. fluency（流利度20分）	
2. emotion（情感20分）	
3. rhythm（节奏15分）	
4. intonation（语调15分）	
5. stress（重读15分）	
6. liaison（连读15分）	

Step 5：Appreciate the song

Sing the song *When You Are Old* both in English and Chinese.

Step 6：Summary and self-evaluation（见表2）

表2　Self-evaluation

Items	Good	So-so	Bad
Appreciation of poem			
Recitation of poem			
The ability of cooperation			

Step 7：Homework

Write down your feelings of the poem.

Book 1 Unit 3 Warming Up

设计教材：Book 1 Unit 3

设计课型：*Warming Up*

设 计 者：新丰县第一中学 李细娟

执教老师：新丰县第一中学 李细娟

执教班级：高一（9）班

教学设计内容：

【教学目标】（Teaching Aims）

1. Knowledge aims

Learn how to plan a trip and make a connection between geography and the customs and traditions of the people who live there.

2. Ability aims

Allow the students to examine their attitudes to various forms of travel.

By asking the students to evaluate the advantages and disadvantages for each kind of travel in order to make sensible choices for themselves when they begin to travel on their own.

3. Emotion aims

Increase the students' awareness of the environment.

【教学重难点】（Teaching Key Points and Difficult Points）

How to evaluate the advantages and disadvantages for each kind of travel.

How to use the information gained in a realistic situation.

【教学设计】（Principles of Designing）

任务型教学及合作型学习。

【教学过程】(Teaching Procedures)

1. Daily report

(Ellipsis.)

2. Games of match (Round 1)

Match the place in the picture.

(Ellipsis.)

3. Quiz (Round 2)

Fill in the blanks: the Mississippi River; the Thames; the Mekong River; the Yangtze River; the Yellow River

(1) _____ is the longest river in Asia and the third longest river in the world.

(2) _____ is the second longest river in China, and is called "the cradle (摇篮；发源地) of Chinese civilization".

(3) _____ is the largest river system in North America and the fourth longest river in the world.

(4) _____ is the second longest river in the United Kingdom and the longest river in England.

(5) _____, whose Chinese part is called the Lancang River, is a major river in southeastern Asia.

4. Think about the advantages and disadvantages of each form of the transports. (Round 3)(见表1)

(1) List as many kinds of transports as you can within 10 seconds.

(2) What are the advantages and disadvantages of each form of transports?

表1 The advantages and disadvantages of the transports

Transports	Advantages	Disadvantages
bus		
train		
high speed rail		
ship		
airplane		

5. Plan a trip in group.（Round 4）

Listen to the dialogue and fill in the blanks.

（1）Sample dialogue.

S1：I've planned a trip for my holiday.

S2：OK. Where are you going?

S1：Lijiang and Dali in Yunnan.

S2：Lovely. How are you getting there?

S1：As I don't have much time, I think I need to travel by air.

S2：That's going to be very expensive. How much is the fare?

S1：About 1,500 yuan.

S2：When are you leaving?

S1：One week after school finishes for this year.

S2：Sounds good to me. Where are you staying?

S1：I'd like to stay in local homes.

S2：That sounds fun. How long are you staying in Lijiang and how long in Dali?

S1：I'm thinking of staying two nights at each place.

S2：That's good. When are you coming back?

S1：In five days.

S2：Great.

（2）Travel Plan.

Destination（目的地）：_____

Transport：_____

The place to stay：_____

Budget（预算）：_____

Length of stay：_____

6. Homework

Show the travel plan in the form of dialogue, using the following questions.

（1）Where are you going?

（2）How are you getting there?

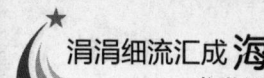

(3) How much are you spending on it?
(4) Where are you staying?
(5) How long are you staying there?

Book 2 Unit 5 Music

The band that wasn't

课　　型：Reading

授 课 人：广东省新丰县第一中学　李细娟

授课对象：高一（12）班

授课时长：40分钟

【教学目标】（Teaching Aims）

1. 语言知识目标

（1）语音：正确朗读，能够把握文章的语调和节奏。

（2）词汇：了解音乐、乐队活动一般包含的内容及其相关词汇。

（3）话题：能够交流不同音乐的特点和自己的喜好。

（4）功能：能够运用与音乐有关的表达，介绍乐队和音乐。

2. 语言技能目标

（1）听：能够听懂乐队的介绍。

（2）说：能够利用阅读内容，小组进行讨论音乐的特点和对不同音乐的喜好。

（3）读：通过阅读，能够识别文章的结构特征，并能完成相关的阅读任务。

（4）写：通过讨论和阅读，写一篇有关音乐对生活的影响的作文。

3. 情感态度目标

（1）培养合作精神。

（2）保持对英语学习的兴趣，增强学习信心。

4. 学习策略目标

（1）能够认知新学语篇的结构。

（2）通过小组讨论合作完成任务。

（3）学会把所学的语言知识运用到语言交际中。

5. 文化意识目标

（1）学生能够了解不同风格的英语语言特点，了解乐队。

（2）了解英语国家的文化艺术，提高跨文化交际能力。

【教学分析】（Teaching Analysis）

1. 学情分析

（1）总体情况：学生学习态度端正，听课认真，勤于思考，基础中上；小组合作学习意识强。

（2）音乐知识：学生对音乐话题比较感兴趣，对一些外国的乐队也有一定的了解。

（3）学习兴趣：学生有一定的学习兴趣，但自信心不足，尤其是口头表达能力薄弱。

2. 教材分析

本节课是话题为 *The band that wasn't* 的阅读课。对该班的学生来说，该阅读材料中的生词不多，语言结构也不是很复杂，背景知识在理解的范围内，整体难度不大。因此，我充分利用数字教学资源，同时注意读前的导入，读中主要以阅读技能的点拨为主，读后进行话题相关内容的拓展，以提高学生综合运用语言知识的能力。

【教学过程】（Teaching Procedures）

1. Warming up.

（1）Do you like music? Why?

Because music can...

Enrich my life, and make me feel relaxed and pleasant;

Make life more lively, interesting, colourful;

Make things better for people to understand, and express one's feeling;

Help one forget his pain and tiredness;

Develop one's love for his country, friends, family and relatives;

Help people to work together and remember things well.

（2）Can you name the music styles?

Choral, country music, rap, rock and roll, jazz, classical music, orchestral music, folk music.

（3）Have you heard about any of the famous bands in the world? List some if you have.

Beyond, the Zero O'clock, the 12-Woman Group, the Beatles, U2, Backstreet Boys, Savage Garden.

（4）Do you know the Monkees?

Let's enjoy a famous song of the Monkees—*I'm a Believer*.

2. Skim and match the main idea of each paragraph.

（1）How the Monkees got their start.

（2）How the Monkees became serious about the music business.

（3）How the musicians formed the band.

（4）Many people dream of being famous as singers or musicians.

3. Scan and connect the following sentences with the correct options.

（1）They produced a new record in 1996.

（2）Most musicians got together and...

（3）They put an advertisement in the newspaper looking for four rock musicians.

（4）The first TV show...

（5）However, the band broke up in about 1970.

A. But only one person was accepted.

B. But reunited in the mid-1980s.

C. They formed a band because they liked to write and play music.

D. To celebrate their time as a band.

E. Was a big hit.

4. Read carefully and choose the best answer.

（1）What makes most people dream of being a singer or a musician?

A. The feeling of giving performances in front of thousands of people.

B. To be clapped and admired by fans.

C. To be famous.

D. All of the above.

(2) Which of the following is NOT true about a band?

A. Usually a band is formed by some musicians who enjoy writing and playing music.

B. It is impossible for a band playing in the street to become famous.

C. Many bands may have the experience of playing in the street to earn money.

D. In America, high-school students can form their own bands.

(3) Why did the TV organizers put an advertisement in a newspaper?

A. To find someone to imitate the band, the Beatles.

B. To form a band called the Monkees.

C. To find several musicians to start a TV show.

D. To find someone to sing for the TV show.

5. Fill in the blanks.

If we are honest with ourselves, most of us have d_____ of being famous sometimes in our lives. Most musicians often meet and form a band. Sometimes they play in the street to p_____ so that they can earn s_____ money and this also gives them a c_____ to realize their dreams. There was once a band, which was started in a d_____ way. One musician and three actors were asked to play jokes on each other as well as play music in a TV show, whose music and jokes were loosely b_____ on "the Beatles". Their exciting performances were copied by other groups. Though it b_____ up in 1970, it r_____ in the mid-1980s and it is still popular today.

6. Homework.

(1) Read the words and the passage after class.

(2) Write a short passage.

Do you like music? Why?

Music plays an important role in my life. I am crazy for music. First... Second... Third...

In a word, music has a very important place in my life. I even can't live without music.

【教学反思】（Teaching Reflection）

本节课是阅读课。课堂引入能点燃学生内在的热情，能很快调动学生参与的积极性。阅读任务设计由整体阅读到细读，培养学生具有多种阅读技能。学生的小组合作学习氛围比较浓，头脑风暴能够调动学生积极参与课堂活动的积极性。小组评价活动使学生学习的积极性更高。课后写作任务与说的任务相结合，进一步深化了学生对读、说、写的统一学习。这是一节培养学生综合能力的成功课型。

Book 4 Unit 5 Theme Parks

Theme parks — fun and more than fun

课　　型：Reading

授 课 人：广东省新丰县第一中学　李细娟

授课对象：高一（11）班

授课时长：40分钟

【教学目标】（Teaching Aims）

1. 语言知识目标

（1）语音：正确朗读，能够把握文章的语调和节奏。

（2）词汇：了解"主题公园"话题包含的内容及相关词汇。

（3）话题：了解"主题公园"。

（4）功能：能运用"主题公园"有关的表达，向游客介绍各种主题公园。

2. 语言技能目标

（1）听：能够听懂"主题公园"的介绍。

（2）说：能够利用阅读内容，以导游的身份介绍"主题公园"。

（3）读：通过阅读，能够识别文章的结构特征，并能完成相关的阅读任务。

（4）写：通过讨论和阅读，写一篇简单的主题公园介绍。

3. 情感态度目标

（1）培养合作精神。

（2）保持对英语学习的兴趣，增强学习信心。

4. 学习策略目标

（1）能够认知新学语篇的结构。

（2）能够通过小组讨论合作完成任务。

（3）学会把所学的语言知识运用到语言交际中。

5. 文化意识目标

（1）了解英语国家主题公园的特点。

（2）了解英语国家的文化，提高跨文化交际能力。

【教学分析】（Teaching Analysis）

1. 学情分析

（1）总体情况：学生学习态度端正，听课认真，勤于思考，基础中上；小组合作学习意识强。

（2）主题公园知识：学生对主题公园比较感兴趣，对一些主题公园也有一定的了解。

（3）学习兴趣：学生有一定的学习兴趣，但自信心不足，尤其是口头表达能力薄弱。

2. 教材分析

本节课是话题为 *Theme parks* 的阅读课。该阅读材料中的陌生词汇不多，语言结构清晰、简单，整体难度不大。因此，我主要以阅读技能的点拨为主，同时注意读前、读后对话题相关内容的拓展，以提高学生综合运用语言的能力。

【教学过程】（Teaching Procedures）

1. Warming up.

（1）Have you ever been to the theme parks?

（2）What kind of activities do people do in a park?

（3）What do you think a theme park is?

2. Fast reading.

（1）Read the text and then answer the following questions.

① How many theme parks are mentioned in the passage?

② What are they?

（2）Choose the best answer according to the text.

① Which of the following is WRONG about Disneyland?

A. It can be found in several parts of the world.

B. You may see Snow White in a parade or on the street.

C. It also has many exciting rides.

D. Tourism is decreasing wherever there is a Disneyland.

② Dollywood's main attraction is _____.

A. food   B. science   C. culture   D. movies

③ Do you want to enter a world of fantasy about ancient England? Please go to _____.

A. Disneyland   B. Camelot Park

C. Dollywood   D. World Waterpark

④ What's the main idea of this passage?

A. Theme parks are educational.

B. The Disneyland.

C. In theme parks there are a variety of things to see and do.

D. Every theme park has a certain idea and provides people with a place to amuse themselves.

3. Careful reading.

Fill in the blanks.

Disneyland：

*An amusement park which can be found in several parts of the world.

*It leads you to a（n）（1）_____ world and helps you（2）_____ your dreams.

You can：

*Travel through（3）_____.

*Visit a pirate ship.

*Meet your favourite fairy tale or Disney cartoon（4）_____.

*Experience many exciting rides.

*See Snow White or Mickey Mouse in a parade or on the street.

Dollywood：

*In the southeastern USA.

*It is famous for having the most length in the smallest place.

*It is one of the most (5) _____ theme parks in the world.

*It shows and celebrates America's (6) _____ southeastern culture.

You can:

*Listen to American (7) _____ music.

*See carpenters and other craftsmen work in the old-fashioned way.

*Visit the traditional (8) _____ shop.

*Take a ride on the steam-engine train.

*See bald eagles.

*Ride on Thunderhead.

*Learn all about America's (9) _____ southeastern culture.

Camelot Park:

*In England.

You can:

*Watch magic shows with Merl in the Wizard.

*See fighting with swords or on horseback.

*Visit the (10) _____ area.

4. Fill in the blanks.

Summer vacation is coming. Lily, Jim, Tony, Jane and Kate want to visit a theme park. After reading the text, please give them some suggestions.

(1) Lily is interested in the life of ancient people, so she could visit _____.

(2) Jim wants to experience rides, especially the wooden roller coaster, so _____ is a good place for him.

(3) Tony is a cartoon fan, so he could probably visit _____.

(4) Jane is a girl who likes fantasy and loves fairy tales very much, so she is advised to visit _____.

(5) Kate is crazy about American country music, so she may go to _____.

5. Discussion

Design a theme park.

(1) What is the name of your theme park?

（2）What things can you do in the park?

Welcome to _____ Theme Park!

It is famous for _____.

You can _____.

You can _____.

You can _____.

You can _____.

You can _____.

6. Homework

Surf the Internet or go to the library to search for more information about theme parks.

【教学反思】（Teaching Reflection）

本节课注重以生为本，课堂是学堂，是学生学习的场所。要让学生学会学习，就要从学生的角度出发，多让学生参与小组活动。参与小组合作学习并和班上其他小组竞争，这可以培养学生浓浓的英语学习兴趣，最大限度调动学生的学习积极性。本节课小组成员相互合作，相互监督，相互促进，学生的参与度很高，是一节活泼有趣的阅读课。

Mistake Types in Writing

课型定位：通过归纳总结学生习作中的错误类型，增强学生在写作时避免出现常见错误的能力。

学案资源：学生习作中的错例。

设 计 者：广东省新丰县第一中学　李细娟

执教老师：广东省新丰县第一中学　李细娟

教学设计内容：

【教学目标】（Teaching Aims）

（1）Improve the ability of identifying which expression is not proper.

（2）Improve the ability of using the proper expression in writing.

（3）Improve the ability of writing.

【教学重难点】（Teaching Key Points and Difficult Points）

1. Teaching key points

（1）Help the students learn how to write in English way.

（2）Lead the students to write a good article.

2. Teaching difficult points

（1）How to correct the mistakes.

（2）How to write in a proper way.

【教学方法】（Teaching Methods）

Task-based teaching method；means of cooperative learning.

【教学设计】（Principles of Designing）

（1）本节课通过归纳学生习作中的典型错例，引导学生发现并改正错误，培养学生准确地用英语进行表达的能力。

（2）培养学生探究学习、小组合作学习的能力。

（3）通过小组竞赛来培养学生的竞争意识及合作意识。在教学中突出"学生为主体"的教学原则。

【教学过程】（Teaching Procedures）

Step 1. Lead in

What do you think of the sentences below?

部分家长的观点：孩子不必做家务。

（1）年纪小，不必做家务。

（2）学习忙，抽不出时间做家务。

（3）只要学习好，不做家务也没关系。

学生译文：Some parents opinions is child too young to not to do housework and then they are busy no time to do housework. So if good of study not to do housework is OK.

设计意图：展示学生习作，让学生评价，检测学生的评价能力并引出本节课的内容。

Step 2. Compare the sentences and tell the types of mistakes.

（1）[Improper] If the humans want to live well, we must keep nature in balance.

[Improved] If the humans want to live well, they must keep nature in balance.

Mistake Type 1：Pronoun misuses.

（2）[Improper] Every one of us have the right to be happy.

[Improved] Every one of us has the right to be happy.

Mistake Type 2：Agreement problems.

（3）[Improper] I will grateful with you.

[Improved] I will be grateful with you.

Mistake Type 3：The lack of the predicate verb.

（4）[Improper] I hope have many chance to close nature in the future.

[Improved] I hope that I will have more chances to get close to nature in the future.

Mistake Type 4: The double predicate verbs.

(5) [Improper] I had a look at my watch and I knew what will happen.

[Improved] I had a look at my watch and I knew what would happen.

Mistake Type 5: Wrong tenses.

(6) [Improper] Will, like a light tower in the sea, which can conduct us to advance on a right track.

[Improved] Will, like a light tower in the sea, can conduct us to advance on a right track.

Mistake Type 6: Wrong component.

(7) [Improper] A chairman was having lunch, a soldier stood by him.

[Improved] A chairman was having lunch, a soldier standing by him.

Mistake Type 7: Run-on sentences.

Summary: The types of mistakes

Mistake Type 1: Pronoun misuses.

Mistake Type 2: Agreement problems.

Mistake Type 3: The lack of the predicate verb.

Mistake Type 4: The double predicate verbs.

Mistake Type 5: Wrong tenses.

Mistake Type 6: Wrong component.

Mistake Type 7: Run-on sentences.

设计意图：本部分引导学生对比错句和对句，归纳错误的类型。

Step 3. Group work

Correct the mistakes of the sentences.

Mistake Type 1: Pronoun misuses.

(1) If the humans want to live well, we must keep nature in balance.

(2) So long as you have the Internet access and some necessary rights, anyone can receive education wherever you live in.

(3) Whether one enjoys or dislikes advertisements, we can see them every hour of the day.

Mistake Type 2: Agreement problems.

(1) My father as well as his workmates have been to Beijing.

(2) There is so many countries using English that it had been regarded as an international language.

(3) The eating habit of Chinese people have changed dramatically in the past decade.

Mistake Type 3: The lack of the predicate verb.

(1) I against it.

(2) There will an important game next month.

(3) Some of the soldiers hurt but the girl safe.

Mistake Type 4: The double predicate verbs.

(1) There are some people don't agree with it.

(2) Science develop will make our life more and more convenient in the future.

(3) The future car is powered by the sunlight will be safe and will drive by itself.

Mistake Type 5: Wrong tenses.

(1) Riding bicycles had more advantages than taking a bus.

(2) They did not want me to do any work at home but they want me to devote all my time to my studies.

(3) As we climbed the mountain, we fed monkeys, visiting temples and told stories.

Mistake Type 6: Wrong component.

(1) James West, an inventor who has won more than 250 patents during his career and who was born on February 10, 1931 in America.

(2) The most funny thing is that there were five of my classmates were born in November, 1983.

(3) The Great Wall also called ten-thousand-li Great Wall which was built in the Spring and Autumn period.

Mistake Type 7: Run-on sentences.

(1) The doctor praised me for doing this, I felt very happy.

（2）I was born in a small town, in the town there was only one school, I studied there for six years.

（3）As China entered WTO, the cost of a car is decreasing in these years, many families could buy and use a family car.

设计意图：小组合作，发现句子中的错误，并按照所给错误类型进行修正。

Step 4. Improve an article

In order to close to nature and relax ourselves, we has decided to go outing on Saturday by bike. We will start at 7：00 a.m. at the school gate，we will come back at 6：00 p.m. At the goal place where we visit ecology park nearby and write down we see and hear. We don't need to take a lot of water or foods make sure your bike are in good condition. we must pay attention to our safety and didn't go anyplace by themselves.

（Possible version）In order to get close to nature and relax, we have decided to go outing by bike on Saturday. We will start at 7：00 a.m. at the school gate and come back at 6：00 p.m. When we arrive at the destination, we are going to visit an Eco-park nearby where we can take down what we see and hear. It's not necessary to take too much food or water and please make sure that our bikes are in good condition. Most importantly，do not go anywhere alone for your own safety.

设计意图：通过修改文章中的错误，加强学生避免出现写作错误的意识。

Step 5. Summarize what we learn

The types of mistakes.

Mistake Type 1：Pronoun misuses.

Mistake Type 2：Agreement problems.

Mistake Type 3：The lack of the predicate verb.

Mistake Type 4：The double predicate verbs.

Mistake Type 5：Wrong tenses.

Mistake Type 6：Wrong component.

Mistake Type 7：Run-on sentences.

设计意图：通过归纳本节课的内容，加深学生对写作中典型错例的理解。

Step 6. Homework

Write an article and pay attention to avoiding the mistakes when you write.

设计意图：通过作业巩固所学内容。

【教学反思】（Teaching Reflection）

本节是写作错误类型归纳总结及错误修改练习课。学生能够基本掌握写作中的典型错例，能够指出句子和文章中的错误，并能加以修改，从而提高语言表达能力。小组合作学习氛围比较浓，学生积极参与课堂活动。有效的小组评价活动使学生学习的积极性更高。

我的教学主张

——教育不是灌输 是点燃火焰

一、教育不是灌输

（1）改变传统意义上教师的教与学生的学。学生是课堂的绝对主角，而教师是任务分配者、指挥者、指导者以及任务完成后的评价者。在课堂中，所有的教学活动是师生的双边活动，双方都要积极参与。在这样一个过程中，我体会到了知识可以让心灵之间产生碰撞的火花，也可以消除矛盾。

（2）创新教学理念。通过实施小组合作学习的英语教学模式和任务驱动式教学方式，我调动了学生学习英语的积极性和兴趣。小组合作学习充分发挥了学生的主体作用，培养了学生的组织能力和人际交往能力，使学生的思维能力、创新能力和批判性思维能力等得到全面发展。

二、教育是一种信仰

做教育要有一种信仰，一种坚持，要通过教学合一、同伴协作等，不断改善课堂生态。只有激发和培养学生学习的兴趣，学生的学习潜力才能最大限度地发挥，他们不再觉得学习英语是一件难事或苦差事，进而快乐学习、快乐成长！

他人眼中的我

一、学生眼中的我

李老师的课堂生动活泼，上课方式多元化，学生参与度高，同学们都在乐中学，学中乐。

（2018届　陈振鹏）

最吸引我的是李老师的循循善诱。她引导我们自主学习，鼓励我们到讲台上讲课，将我们自己学到的知识分享给其他同学。我们想不到的地方她会补上，给我们讲如何处理这些问题，这让我受用至今。

（2018届　李澳琪）

Miss Li的课堂很有规划。她能够有条不紊地把课讲得生动，把知识点讲清楚。李老师也很注重课外拓展，会让我们做课文的presentation，在了解课文知识之余拓宽了知识面。在课堂上，老师注重团队合作。小组讨论使我们拓宽了思想。总体而言，Miss Li的课堂内容丰富，形式多样，能够激发我们的学习兴趣。

（2018届　廖圆圆）

Miss Li是我高中阶段印象最深刻的老师，她教了我高中三年的英语。Miss Li是一个对教学充满热情和耐心的老师，在写作上给予了我很多的帮助，在课堂上给我们留下了许多美好而珍贵的回忆。感谢您！

（2018届　李嘉烽）

李老师是我很喜欢的老师，她的课堂生动形象。教导学生时她很有耐心，能够把我们一步步从不懂带到懂，使我一点点走进英语的世界。

（2018届　陈文达）

　　李老师授课生动有趣，教育技术过硬，知识储备丰富，有自己独特的教育方法，对学生很负责。她经常照顾成绩不好的同学，帮助他们提高成绩，是一个难得的好老师。

（2018届　廖文禧）

　　Miss Li是我高中三年的英语老师，也是对我影响很大的一名良师。她改变了在我心中英语只能死记硬背的观点。老师的课堂非常生动有趣，她教会我们小组合作，让我们大胆地开口说英语。

（2018届　张文姗）

　　细娟老师是陪伴我们度过高中三年的一位英语老师。她经常组织同学们进行自主性学习，并且平易近人，乐意为同学们解疑答难。她上课认真负责，总是把正能量带进课堂，并且会用心批改作业，指出我们的不足之处，使我们在高中三年的学习生活中受益匪浅。

（2018届　李来明）

　　Miss Li的课堂很生动，教学方式多种多样。她还会给学生提供许多锻炼的机会，让学生学习讲题讲课，换位体验，使课堂变得有趣。她善于运用多种方法激发学生对英语的热情。这三年，我在听、说、读、写方面受益匪浅。

（2018届　钟海旭）

二、同事眼中的我

努力就会有收获

　　有的教师喜欢开门见山拨云见日；有的教师在课堂上一言九鼎，如同知识的化身，让学生默然叹服；有的教师是和风细雨，如同朋友般与孩子们融为一体；有的教师的课堂朴实无华，能将复杂的问题简单化；有的教师的课堂巧妙设计，引导学生对简单的问题进行深入思考。李细娟老师端庄优雅，而她的课也仿佛闺阁女子一般，在慢慢梳理和细细修饰中，款款道来。李老师的课听多了，我不得不佩服李老师授课风格的重点分明、新意百变、民主平等、思想自由。作为一名教育战线上的资深老教师，李老师有着甚至比年轻教师更饱满的热情，更积极的工作态度，更年轻的心态和教学方法，而这些正是英语这门语言学科所需要的。她让我懂得如何让学生爱上英语、爱上自己的课，把学生的眼睛吸引过来，让学生积极参与，乐于学习。多年的教学经验使李老师形成她自己的特色和模式，其创新的教学风格集中表现在以下两个方面。

1. 研究细致，别出心裁

作为市学科带头人，李老师细心钻研高考题。她整合历年高考试题中基础知识环节高频考点，精讲精练。她经常变化情境，并能处理好变与不变的问题，寻找好得分点。课堂重点围绕相应考点层层推进，为迷失在题海中的学生指路引道，使其少走弯路。

2. 小组合作，自由民主

新课改要求改变传统意义上教师的教与学生的学。在李老师的课上，我所看到的学生是课堂上的绝对主角。在她的课堂中，所有的教学活动都是师生的双边活动。学生被分成若干组，对某一问题各抒己见，对某一难题共同探讨。她与学生一起讨论，从不怕被学生反驳。

名师的好课不是一炮打响的，而是磨砺出来的。作为学校高级英语教师的李细娟老师也是一样，她的成功有一番漫长的奋斗过程。无论是作为一名高中教师，还是作为一名中学高级教师，李老师依然努力着，不断地探索新的教学思想，全身心地投入教学实践之中。

（原新丰县第一中学英语教师　蓝小英）

我眼中的李细娟老师

李细娟主任是我非常重要的人生导师，她的英语课堂生动有趣。她对新老师细心指导，生活优雅娴静。三年来，作为我的师傅，李主任的一言一行都展示了名师风采，也潜移默化地影响了我的教学风格。

在英语教学中，李主任是一个创新的有心人。她始终对英语教学教育充满了激情，教学教研硕果累累。从教近30年，李主任一如既往地在课前认真备课，在教学方法上力求创新。在课堂上，她的教学思路清晰，充分以学生为中心，注重学生学习成果的产出，在落实知识能力目标的同时还兼顾着对学生学习能力、文化意识和思维品质的培养。学生们都很喜爱李主任的课，他们在她的英语课中感受到学英语的乐趣。课后，李主任耐心回答学生的问题，及时批改作业，并在第二天做出反馈。在教学常规上，李主任做得非常规范。

在师徒结对中，李主任是一个不吝赐教的引路人。每年李主任都带徒弟并全力帮助徒弟获得成长。每次大型培训后，李主任都会对我们进行二次培训，分享她的学习心得，让我们能够接触到教学上最新的专业知识，开阔视野。每次上公开课前，她都要求徒弟认真磨课，并毫无保留地和我们分享她的建议。她也鼓励年轻教师们大胆创新教学实践，不断更新教学理念去指导自己的教学实践。她严格要求徒弟，身体力行，对徒弟严厉中带着关爱。徒弟做得不足的地方，她会明确指出。也正因为这些宝贵的建议和意见，让新教师获得了更快的成长，积极担当，勇敢前行。

在日常生活中，李主任是一个恬静淡雅的诗意人。她能歌善舞，每次表演都让人赏心悦目。她善于发现生活中的美，经常用相机记录美丽的瞬间。她的教育教研任务很多，但对待生活也是一丝不苟。她劳逸结合，开心工作，快乐生活，她让我们见识了生活的智慧。

能成为李主任的徒弟，我觉得非常荣幸。我也将继续以之为榜样，努力成长为更优秀的教师。

（新丰县第一中学英语教师　谭玉琳）

三、名师眼中的我

涓涓细流汇成海　点点纤尘积就山
—— 我眼中的广东名师李细娟

高春梅

每次看到涓涓细流这个网名时，回荡在我脑海中的不只是由《归去来兮辞》中"木欣欣以向荣，泉涓涓而始流"之句子所联想到的画面——青葱树木、潺潺流水，还有一个端庄娴静、自信内敛的女子形象。她就是李细娟。

邂逅篇——静水深流闻享静

第一次见到细娟是2015年7月在广东省新一轮"百千万人才"高中名教师培训见面会上。我刚坐下便看见一个长发飘飘、蛾鬓淡扫，淡雅如水，恬静若荷的女子缓缓而来。那时的她宛如一泓清泉，弥漫着水性的灵秀与温婉。每次她与我讲话，语气总是柔顺与平和相伴，客气与谦逊齐飞。那时的她不但是一泓甘甜的泉水，而且是一眼潺潺流动的泉水，给人以春天般的感觉。

积累篇——聚水成河波浪宽

细数我和细娟的接触，多是一起学习及学习间隙时闲聊的情景。记得有一次教授让我们画思维导图，我画了七个分支便放下笔，而旁边的她还在一丝不苟地努力完善。那时的她宛如一股执拗的细流，有水滴石穿的勇气，散发着倔强的味道。还记得每次听讲座时，她的笔记都十分工整细致，物品摆放得十分整齐有序。那时的她宛如一股婉转的溪流，有奔腾赴海的梦想，弥漫着坚持的决心。记得问她为什么不调离韶关到发达地区谋一份更好的工作时，她只是淡淡地说她喜欢小城学生的单纯。那时的她宛如一股思源的细流，有不离不弃的美德，展现着坚守的锐意。每次看到细娟的作业抑或是听到她的发言时，我都能感觉到她的观察点从对教学现象的感知、学生学习方式的思考到对中外教育模式的观察、教育现象的阐释，可谓进步神速。问及原因时，她总说你们那么优秀，我不能不努力。那时的她已经宛如吸纳数流的大河，有见贤思齐的底气，散逸着闪亮的光芒。

挑战篇——会当击水三千里

细娟的乐观自信和勇于接受挑战的精神令我印象深刻。还记得我们一起去乐昌送教，一起在台湾授课，一起在美国合作的情景，无论是在国内、国外，城市、乡村，抑或是面对全新的教材，陌生的学子，她都坦然应对，精心准备。她是一个内心勇敢的人。那时的她宛如蓄势之水，一有决溢，便弥原淹野。除教学之外，细娟令人叹服的是她曼妙的舞姿，配着周岱伽老师空灵的歌声，她们的节目是灵性与弹性的联合。那时的她是宛转绕芳甸的江流，天生蕙质，香气弥散。

若有来生真希望做一个似细娟般的女子，以温柔和豁达呈世，以坚持和力量支撑人生。

[北京师范大学（珠海）附属高级中学英语科组长、特级教师、2018年12月通过广东省正高级教师评选、广东省新一轮"百千万人才"高中名教师培养对象、广东省中小学骨干教师、珠海市名教师、珠海市"一师一优"课评审专家　高春梅]

第三篇

台湾学习

感悟台湾

——台湾之行心得体会

广东省新丰县第一中学　李细娟

台湾之行，从2016年12月4日至18日，历时14天，行程近2000千米。走进台湾三所著名的大学（台北师范大学、高雄师范大学、佛光大学），我们倾听了许多高水平的学术讲座。进入八所高中，听课、交流，和台湾老师一起同台上课，近距离体验台湾的教育。从台北到台中，从台中到高雄，从高雄到台东，从台东到宜兰，从宜兰到台北，一路风景，一路欢歌，一次次心灵的碰撞，印证了我们的领队华南师范大学的黄牧航教授所说，这次台湾之行是一次文化之旅，是一次友谊之旅，是一次交流之旅，是一次磨砺之旅，是一次心灵之旅。

台湾的教育从顶层设计到地方大学的教育理念，帮助我们了解了当前的台湾教育。我感觉台湾的教育比较人性化，主要体现在以学习者为中心。学生是学习的参与者；教师不再是传授知识的专家，而是学习的促进者与教练，不再用一致的标准与进度教学，重视学习者个人的差异性。学习的责任由教师转移到学生身上，提倡适性发展和适性扬才，以成就每一个孩子。台湾教育顶层设计的五大理念是：①有教无类；②因材施教；③适性扬才；④多元进路；⑤优质衔接。

14天的台湾之行只是我人生中的一个小小的片段，但给我留下了深刻的印记。台湾的人、台湾的景，我亲历的台湾的一切一切，都将留在我心里。

走进台湾高中英语课堂,体会差异化教学

广东省新丰县第一中学 李细娟

差异化教学又称为区分化教学或适性教学,是以学生为中心,配合学生个别差异与需求,考虑学生学习准备程度、学习兴趣、学习能力、学习风格、语言、性别和文化等因素,从教材内容、教学过程、结果评量与课堂环境等方面进行调整,以满足所有学生需求的教学。

一、差异化教学学习环境的改变

差异化教学师生角色的调整。学习的责任由教师转移到学生身上,学生成为学习的参与者。教师不再是传授知识的专家,而是学习的促进者与教练。表1是传统教学和差异化教学的对比:

表1 传统教学和差异化教学的对比

传统教学	差异化教学
教师为中心	学生为中心
选择内容、设计作业、实施评量	确认标准,诊断学生准备程度、兴趣、偏好,设计多元的学习和评量方法
语言和逻辑数学智能是最重要的	辨识和尊重多元智能
很少关注学生的兴趣	经常关注学生的兴趣
课程纲要和教科书主导教学	学生准备程度、兴趣和学习概况塑型教学
全班教学	弹性分组:全班,小组,两人一组,独立研究
共同的作业	可选择作业

续表

传统教学	差异化教学
使用有限的教学策略	运用多元的教学策略
教科书为主，辅以补充教材	有多样化的不同层级的教学资源
选择有限	经常鼓励学生进行学习和评量的选择
建立优秀的共同标准	以个人的成长和进步来定义优秀

二、差异化课堂中的合作学习

合作学习是一种有结构、有系统的教学策略。教师将班上学生以4~6人为一组组成异质小组，指定各小组应该完成的学习目标。教师从旁监督并鼓励组员交换信息、互教、互学、互助、相互挑战，要求小组成员分别承担达成目标的责任，接受肯定与奖赏。合作学习的特色是：学生分小组活动（students work in small teams），按异质性分组（mixed ability teams），相互依赖的活动（interdependent activities），个人的责任（individual accountability），成功机会均等（equal opportunity for success），合作的社会技巧（social skills for cooperation）。

在台北市立永春高级中学，我听了一节青年教师的课，课堂活泼，亲和力强，小组活动教学有序，教学风格新颖。

上课开始，教师展示了四个角色的任务，然后让小组的组员选择自己的角色（Pioneer, Creator, Advisor, Supporter）。练习一：通过设计一些通关游戏，温习词汇，然后进行小组评量。练习二：观看一个有关课文话题的卡通片，回答问题。练习三：小组讨论，人为何会撒谎？小组讨论时，教师会关注每一个小组的组员，如果有没有参与讨论的学生，教师会提醒大家参与讨论。课后，我们也和授课教师进行了交流。通过交流，这位教师介绍了小组分组的情况，每个小组都是临时的分组。弹性分组的特点：学生因学习成绩、兴趣或偏好不同而参加不同的学习团体；学生在特定的主题范围内更换组别，进行弹性且不固定的移动；学生需要独立完成工作，和伙伴配合，与小组成员合作。

通过观摩台湾的课堂，我体会到台湾教师是如何在课堂中体现差异化教学并成就每一个孩子的。适性扬才是其教学特点。

台湾之行研修日志

◆ 广州 华南师范大学

本次交流活动的定调是基础交流、专业交流。领导在会议上强调我们要有政策意识，坚持"一国两制"和平统一的原则，坚持一个中国的原则。要有安全意识，保证人身、财物安全。要有效果意识，认真学习，学有所得。我们还要注意避免一些敏感的政治化字眼，如大陆与台湾。政治团体和协会，我们一般不参加。

黄牧航教授为我们做了名为《台湾最美的风景是人》的演讲，和我们分享了他赴台的一些体会，介绍了台湾的名人名家，并告诉我们这次台湾的交流学习是一次文化之旅、友谊之旅、交流之旅、磨砺之旅和心灵之旅。

台湾之旅，让我充满了期待。

2016年12月4日

◆ 台北 台北师范大学

今天是在台湾学习的第一天。本次学习内容的规格比较高，台湾教育部常务次长林腾蛟、台北师范大学戴建云校长和主办单位东莞台商子弟学校的聂董事长参加了会议。

台湾教育部常务次长林腾蛟和我们讲述了台湾当前的教育政策与发展，也和我们讲述了教育的大环境。首先，教师由下而上自主地改变，教育实践体现多元的选择。其次，教育的核心理念是实现以学习者为中心的教育，培养未来的成熟公民。再次，他讲述了四大内涵：①以学习者为中心，重新调整教育体制。②重视学习者的个人差异与学习历程，不再用一致的标准与进度教学。

③教师的角色从传统的传授者调整为协助学生自主学习的教练。④尊重多元，促进学生个性发展，让每个学生的特质都能被看见，都有被培养的机会。同时他还讲述了三大愿景：①提升中小学教育的品质。②成就每一个孩子。③厚植台湾的竞争力。最后他又讲了五大理念：①有教无类；②因材施教；③适性扬才；④多元进路；⑤优质衔接。

台师大戴建云校长讲述了英语专业的学习，教师应将英语和语用联系起来，激发学生的学习兴趣；以话题为线索不断地膨胀英语知识，让学生有学习的成就感，让学生有学习语言的信心。

今天的讲座让我对台湾的教育有了一个整体的感知和初步的印象。明天开始，我们会走进台湾的课堂，深入台湾的一线教学。

2016年12月5日

◆ 台北 永春高级中学

今天我们走进了台湾第一所高中，永春高级中学，深度了解台湾的教育。

永春高级中学校长张云芬介绍了与会人员并做了自我介绍。张校长美丽、温和、谦虚，她向我们介绍了永春高级中学。

1. 学校教学

（1）学校是品德教育特色学校，设置了多元课程，注重言行和态度。

（2）共同备课，跨学科。教师进行同学科和跨学科（异质）甚至跨学校备课。

（3）行政领导教学和服务教学。

（4）E化教学（互相学习），而不是T型教学。

（5）教师社群动能强。

（6）适性教学。

（7）好教师的特质：热情，人性化。

（8）观课的量表和标准：素养为导向，能力为导向，学生为导向。

（9）线上课程教学都有情境。

（10）观察前会谈，进班观察，观察后会谈。同班的不同教师来听不同科目的课。

2. 学校特色

必修咏春拳，有民歌化的校歌，是阶梯最多的学校，有多元适性的课程（跨班学习2节课）。劳动课种菜。这是一所国际化的学校，教师有国际沟通的能力，有语言和数字化的能力。其他特色：国外的游学团和姐妹学校；定向越野赛；新颖的数字设备教学；英法语实验班；等等。

我们听了一节年轻老师的课，由机电工程系的高才生担任英语教师。课堂活泼，亲和力强，小组活动教学有序。虽然由非英语专业的教师教英语，但该教师知识面比较宽，教学风格更加新颖。

2016年12月6日

◆ 台北 国立政治大学附属高级中学

下午我们到中国台北国立政治大学附属高级中学参访学习，校长陈启东博士亲和博学，亲自带领学员参观校园。学校办学12年，教学楼墙壁上的大幅宣传很显眼，"政附十载，指南一世"。从幼稚园到高中乃至大学，都是一贯制。卡通公仔代表每一个学段，很可爱。我们参观了图书室，由学生命名为《悠阅阁》，全部为数字化无人管理，还有消毒图书的设备，这是比较人性化的设计。图书馆的天窗可以自动开关，空气和光线能进入室内。我们还参观了翻转课堂，学生用平板上课，打破了时间和空间的概念。

2016年12月6日

◆ 离开台北 去往台中

今天一早我们离开了台北，往台中出发。在去台中的路上，我思索了前三天在台北的学习和生活情况。

（1）台湾人很美，注重自己的形象。正规场合人们都是穿正装，让人感受到尊重和重视。

（2）服务意识强，责任心强。当我们用完早餐到大厅时，司机刘大哥和导游阿正已经把我们的行李箱搬上了车，好感动。车内干净整洁，让我们在长时间的车程中感到愉悦。

（3）环保意识强。中午在会场用饭盒，收垃圾时，他们分得很细。饭盒是用纸做的，是可回收的材料。

（4）谦虚，彬彬有礼，很亲切。台师大的校长对我们说今天我们在师大学习一天，就是他们的学生，以后就是师大的校友。

临行前黄牧航副院长说，台湾最美的风景是人，从这三天，我就感受到了。

2016年12月7日

◆ 台中 卫道中学

我们在台中参访两所学校，今天参访台中市私立卫道高级中学。这是一所天主教学校。一进校园，我就被学校美丽温馨的环境所吸引。会场布置温馨，弥漫着节日（圣诞节）气氛。

学校教务主任先和我们介绍了学校的成果，大学学测成绩大放异彩，录取医学系的学生比较多。医学系是大部分一流学校学生的首选。学校主任说："教育之道无他，唯爱与榜样而已。"之后校长再做介绍，特别说明学校重视的不只是结果，更重视过程，学校注重培养学生的未来素养。校长向我们介绍了学校的活动项目，如培养学生热情服务的意识，注重团队建设。我很欣赏这句："人在一起，心在一起，才能叫作团队。"

我们听了卫道中学英语老师和我们陈迪老师上的一节同课异构课。我感觉学生的语言能力和思维比较有深度，教师给学生展示的平台比较多。陈迪老师用写作的角度设置情境，课堂把控到位，师生关系融洽。这是一节比较成功的异地教学课例。

2016年12月8日

◆ 台中 中兴大学附属高级中学

培养柔软内心，培养同理心；分享国际教育，善用自己的已有资源；培养国际公民。这些是中兴大学附属高级中学的办学特点。

我们和英语学科组长交流，了解教材版本：部规和学校自己买的教科书；英语杂志，教师定。学科的教学理念是培养学生的基本能力。学生出国机会比较多。班级上课时间不一，50分钟一节课，一天8节课。晚上学生不用晚自习。每天有固定的测试。

学校非常重视学生能力的培养，学生写的研究报告，学校会从中挑出优秀的在图书馆进行展示。

2016年12月9日

◆ 听卫道中学英语老师的课有感

在由嘉义去往高雄的途中，我在思索明天在高雄中正高级中学的课。9号我才拿到上课的内容，白天不是忙着听课走访，就是在车上。前两晚我构思了一下上课的内容，今天晚上要做好课件。在此之前，我在台北听了一节台湾老师的英语课，在台中听了台湾老师和我们老师的一节同课异构课。台湾老师都充分用到了小组合作学习的方法，给学生展示的机会比较多。教师是很好的引导者，是优秀的导演。学生是主角，他们的综合素质比较高。

2016年12月11日

◆ 高雄　市立中正高级中学

今天我要在中正高级中学进行20分钟的同课异构讲课。

五天前我接到上课的通知，一直忐忑到今天，因为这节课是代表省"百千万人才"名师培养对象的课，要上出水平，上出特色。在文化背景不同的异地教学，这着实是一大挑战。三天前我才拿到上课内容，白天学习、参访，晚上备课，时间短，任务急。

我们先听了台湾詹老师的课，讲一个词组的用法，使用白板。课堂中学生活跃，小组讨论学习。接着我讲第二个句型，也用了小组活动的方式，教学任务基本完成。由于全英教学，学生对一些课堂指令和用语不是很理解，教学内容没有按照预设完成得那么顺利。本节课上课流程，见表1。

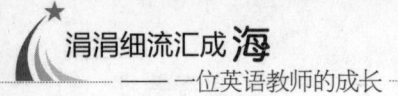

表1　高雄市立中正高级中学授课教案

教学过程	教学目的
1. Lead-in. Create a situation（设置情景，引出句式） When <u>hearing the news</u> that I have a chance to visit Taiwan in December, I <u>feel really excited</u>. It's my first time to visit Taiwan. Worried about the journey, I was unsettled before we set off. We arrived at Taipei City last week. <u>Walking around the city, I was deeply impressed</u> by the kindness of the people in Taiwan. We have visited three schools and one famous university in Taiwan. <u>Treated friendly by the students and teachers</u> here, I really enjoy the wonderful journey. 2. Patterns in action（句型）	1. 通过一篇在台湾研习的日记，总结句式。
3. Group competition（小组竞赛） Rules for the competition： Must-answer questions.（必答） Rush-to-answer questions.（抢答） （5 points for each question）	2. 通过小组竞赛形式的单句练习和语篇练习，巩固句式。
Task 1：Must-answer questions. Rewrite each sentence using the Pattern Ⅱ. （1）We walked around the city, we were impressed by the development of the industry. _____ the city, we were impressed by the development of the industry. （2）The two ladies shook hands and smiled at each other. The two ladies shook hands, _____. （3）While I was confused by the new surroundings, I was hit by the lack of fresh air. _____, I was hit by the lack of fresh air. （4）As I was exhausted, I slid into bed and fell fast asleep. _____, I slid into bed and fell fast asleep. （5）When I was asked many times, I told him the truth. _____, I told him the truth.	3. 小组竞赛活动任务一：重新写句子。用本节课句型，答题。
Task 2：Must-answer questions. Read the following story and rewrite each underlined sentence using Pattern Ⅱ.	小组竞赛活动任务二：语篇学习。在语篇中画下本节课句型，答题。

续表

教学过程	教学目的
Once upon a time, there lived an evil queen who believed that she was the prettiest woman in the world. She often asked her magic mirror, "Magic mirror on the wall, who is the fairest of them all?" <u>When the mirror was asked this question</u>, it always replied, "You, my queen, are the fairest of them all." However, when Snow White, the little princess, was born, the mirror told the queen that Snow White was the fairest one in the land. <u>Being jealous of Snow White's stunning beauty</u>, the evil queen ordered a hunter to take Snow White to the forest and kill her. The man followed the order and took Snow White deep into the forest. <u>After he raised his knife</u>, he found himself unable to kill her because he had already fallen deeply in love with her. Instead, he let her go, telling her to hide in the forest and never come back to the palace. When the little princess realized it was the queen that wanted to take her life, she began to cry. As she walked aimlessly in the forest, she came upon a cottage that belonged to a group of Seven Drafts. <u>Because she didn't know where else to go</u>, Snow White opened the door and went in. Everything in the house was tiny, which fascinated Snow White. She looked for the owner of the house here and there, but she found no one. <u>Because she felt very tired from walking all day</u>, she fell asleep on one of the beds.	小组竞赛活动任务二：语篇学习。在语篇中画下本节课句型，答题。
Task 3: Rush-to-answer questions. According to the story, fill in the blanks with the past participles as the attribute, predicative or object complement. <center>The Little Match Girl</center>It was snowing and very cold outside. A little girl was walking in the street, selling matches. She didn't wear any shoes because she had her shoes _____ （丢失）. She looked very _____ （担心的）, because there were lots of matches left. She wished all her matches _____ （卖掉）, but nobody bought a single one. She was so cold that she sat in a corner with her legs _____ （劳累）. She lit a match and saw a Christmas tree _____ （装饰）with many gifts. The _____ （点燃）match was burning brightly and	小组竞赛活动任务三：完成语篇练习。用本节课句型，做抢答题。

续表

教学过程	教学目的
she seemed very _____（高兴）. She lit another one and saw her grandmother. She asked her grandmother to take her away. The next day, people saw the girl _____（被冻）to death. What a poor girl!	小组竞赛活动任务三：完成语篇练习。用本节课句型，做抢答题。
4. Moral education It is really a sad story. In order to make the world a better place to live in, we should offer our help to all the needed. It makes no difference who we are and where we are from. Maybe just a thread of light will call forth their strength and courage to help them step out of their difficulties. Our work really makes a difference.	4. 情感教育。通过语篇文本卖火柴的小女孩的故事，教育学生珍惜现在的生活。
5. Summary The past participles as the attribute, predicative or object complement （see, hear, feel, watch, notice, think, find, get, let, make, help, have, keep, want, wish, like, expect）+ O.+ p.p.	5. 归纳本节课的学习内容。

观课教师反馈：

同课异构内容是高二年级英语语法，由每位教师讲解一个句型。李细娟老师主要负责讲解非谓语动词做状语的部分。李细娟老师全英文授课，用日记构成情境，呈现语法应用语篇。接着展现所讲句型，分配小组及小组成员扮演角色。最后指导学生练习所学内容。练习设计层次鲜明，由易到难，最后回归语篇。全课主题线索鲜明。

整节课教学设计合理，层次分明；尊重学生个性，师生关系融洽；学生基本掌握句式内容。完成教学任务。

2016年12月12日

◆ 高雄 福城高中

今天是在台湾研学的第十天，我们探访了台湾高雄福城高中。学校领导和老师热情地接待了我们，一路精彩，一路感动！学校的教务主任介绍了学校。学校的愿景是：成就每一个孩子；适性扬才，终身学习；培养学生自立能力、行动能力、沟通互动能力与参与能力。

同课异构活动：

1. 林老师课程

（1）介绍一首诗歌，介绍诗歌的节奏和诗歌的特点。

（2）小组活动：讨论中文或英文儿歌。

（3）课本诗歌节奏的特点。学生朗读，小组一起朗诵。

2. 高老师词汇学习

词汇学习：①小组活动，找出词汇。②检查反馈。③教师讲述派生词的用法，学生小组学习，然后教师检查并核实答案。④教师设计词汇网，学生展示自己的词汇网络图。

3. 总结：高春梅教师的课程设计优美，很实用。

教师把单调的词汇课，用有趣的游戏、画面感很强的词汇网络图和创意无限的诗歌形式展现出来。学生积极参与课堂活动，陶醉于语言词汇的美妙。本节词汇课设计优美，很实用。

2016年12月13日

◆ 高雄 高雄师范大学

今天我们到达高雄师范大学，校门上"达宏敬诚"四个大字跃入眼帘。

首先，我们参观了高雄师范大学的图书馆。图书馆设施设备齐全，提供多元化的服务，可以进行静态阅读、网上阅读、声像阅读等。

然后，我们观看了高雄师范大学的简介影片。学校共有19个系，两个校区（和平校区、燕巢校区）。两个校区交通、资源共享，分别设有一般、特殊、性别教育。有客家文化研究所，发扬人文精神。台湾共有三所师范大学（台北、彰化、高雄师大），培养中学教师。其余九所师范大学主要培养小学和幼儿园师资。学校辅导咨询方面做得比较好，有高雄教育论坛、翻转学习研究会、世界课程与教学研讨会。（特殊教学）所有教师都要有特教的资能，师范生都要修3学分的特殊教育分。全台高中的评鉴工作由本校来做。

最后，我们听了高雄师范大学教育学院院长方德隆的报告——教育革新趋势：成就每一个学生的差异化教学之理念与教学策略。

2016年12月14日

◆ **离开台东 去往宜兰**

今天我们离开台东去往宜兰，在台湾东海岸由南往北走，路程比较远，比较辛苦，但可以一路领略台湾东海岸的风光。经过北回归线的纪念塔时，我想到广东从化的北回归线标志，又再次强烈地感受到台湾是祖国不可分割的一部分。多么盼望台湾和祖国不再分离。在高雄中正中学上课时，当我自我介绍来自广东时，学生居然都不知道广东的概念，更不知道在哪个方位。我提醒说和香港相邻，同学们才有了一个地域的概念，当时的感觉是那么无奈。

2016年12月15日

◆ **宜兰 佛光大学**

我们毕业了！今天我们在佛光大学举行了毕业典礼，杨朝祥校长为我们一一颁发了台湾研修毕业证书。

杨校长简单地介绍了佛光大学。佛光大学是一所综合型大学，是一所民办大学，但收费不高。学校比较注重生命、生活、生涯"三生"教育。学校的功德碑，让人印象深刻。一个月交一百台币，交三年，就可以在功德碑上留下名字。

杨朝祥先生为我们主讲了《学习力不足，教育如何翻转》的专题讲座。杨朝祥先生是台湾著名教育工作者，曾在美国阿肯色州州立大学职业教育学系担任助理教授，在台湾师范大学担任副教授，历任工艺教育学系主任、工业教育研究所所长、台湾教育部技术及职业教育司司长、常务次长、政务次长、行政院研考会主委，曾两度出任台湾教育部部长，对教育形势了如指掌。

他指出当今台湾教育界提倡适性发展和适性扬才，解析了台湾延长基本教育至十二年的意义，并从传统教学的瓶颈、现代青少年的特质、当今的价值观等角度，结合当前的教育环境和翻转课堂的兴起，阐述了自己对课堂变革的观点，尤其指出提升学生自我学习能力是当务之急。

　　当代教师不能再执着于教学的成功，而应该在意学生是否有学习成果。翻转教育的最主要目的不在于教、学方式的改变，而在于提高学生的自我学习能力。翻转教育要成功，其首要条件是教师、学生、家长、学校、社会的观念要先翻转。

2016年12月16日

第四篇

赴美研修日记

启程飞往美国

经过13小时56分的飞行,我们从广州白云机场平安顺利地到达了美国纽约。凌晨4点多的纽约,虽然寒意浓浓,但接待我们的彭老师用热情驱走了寒意。在韩式24小时餐饮店里,热腾腾的早餐让我们顿时恢复了精力,开始投入紧张的行程之中。

前两周时间,我们是在康涅狄格州哈特福德市的康涅狄格校长中心进行参访学习。由于飞机提前两个小时飞抵纽约,在康涅狄格州哈特福德市定的酒店要下午两点才能入住,我们利用这个时间一大清早就在纽约曼哈顿中心参观。彭老师介绍曼哈顿分为下区、中区和上区,是一个长形的岛屿。我们走马观花地逛了著名的时代广场(也称时报广场)、华尔街金融中心、第五大街、世贸中心双子塔遗址、自由女神像等著名的景点。

纽约是多种文化的大熔炉,代表着美国,但美国并不只是纽约。时代广场的霓虹灯大型广告牌的其中一块新华新闻,宣传中国各省的辉煌成就。

下午,经过两个小时的车程,我们从纽约到达了康涅狄格州哈特福德市。这座城市曾经被马克·吐温称为"美国最美丽的城市之一"。84号州际公路与91号州际公路在此交会。哈特福德市面积不大,大约有人口13.9万,是该州的文化中心。

接待我们的是康涅狄格州校长中心国际部主任Daniel W. Gregg。他给我们介绍了接下来在康涅狄格州14天的行程和安排,以及参观学校需要注意的细节,并指出中美基础教育的共同点和差异性。他告诉我们要以辩证的眼光来看待美国的教育。

之后，领队黄牧航院长强调了学习的纪律，告诉我们要认真学习和思考，在美国遇见最好的自己！

2017年11月26日

美国教育初探

培训第一天,在康州校长中心,前教育部长George Coleman 给我们开了一个讲座《美国教育体制的理念和架构》(Introduction to the American Education System: Values, Beliefs and Structures)。这让我们从整体上对美国基础教育有了一个基本的认识,为接下来的访学打下了基础。

前教育部长George Coleman的开场白很自然,讲述了自己在中国被误认为联合国主席安南的故事,一下子拉近了我们的距离。通过讲座,我们了解了美国教育是多元化的,50个州有50个州的教育模式。美国的教育是平等的。如果不能带来平等,家长可以诉诸法律。美国的教育评价体系也是多元化的。

一、美国教育经费的来源

美国教育比较复杂,每个州的教育方式不一样,没有单一的教育模式和体制。教育主权在各州,而不是国家,因为教育经费主要来自州政府和地方政府。教育经费来自所得税、消费税、财产税、教育税、彩票收入、私人捐赠、校企联合和发行债券。

二、美国教育架构对教育的影响

50个州各自决定教育的模式,这样教育形式就呈现多样化。地区也会有地区的差异,比如沿海地区教育的投入比较大,受教育的学生人数比较多,对比中西部地区更有优势。这说明教育的发展与整个社会的发展密切相关。教育不是独立的,与经济发展相关。美国是一个移民国家,这决定了美国教育的多元化和教育的不一致性。

1. 公立学校

美国公立教育的主线不变，88%的学生会去公立学校。美国公立学校接受孩子入学只有两个条件：到达入学年龄；在美国居住。公立学校的大门面向所有种族的人。

2. 私立学校

私立学校是美国教育不可缺少的组成部分，出现在公立学校之前。私立学校管理比较成熟，教学质量比较好，教学设备更优。公立学校不可以对学生说不，但私立学校有权选择学生，可以跨地区招生；开设的课程除了州规定的课程，每一所私立学校也有自己的特色课程。

3. 特殊教育

美国对特殊教育投入很大，尤其特教不可以丢掉任何一个学生，哪怕学生在医院，也要到医院给孩子上课。政府规定学校要给特殊学生提供额外的教育，哪怕为此支付高昂的费用。George先生介绍，有的学校为一个特殊学生每年要额外开支25万美元，有的甚至达到100万美元。这样的教育开支在其他国家是不可想象的，这也说明教育平等在美国已经渗透到每个人的内心。

4. 磁石学校

这是一类特色学校，课程设计比较特别，针对学生的兴趣爱好开设课程。学生除了学习读、写、算等基本技能，还可以学习特殊学科，如音乐、美术、计算机、视觉艺术等，与我们的特长生学习的科目相似。磁石学校没有学区和入学条件限制。

5. 特许学校

特许学校是公校私营性质的学校。特许学校既有传统公立学校的公平、公正、不收费等特点，又有传统私立学校重视教学质量的优点，受到学生和家长的欢迎。特许学校对促进社会的和谐发展起到了一定的作用。学校有自己的董事会来做管理工作。

6. 家庭学校

有一些受教育程度比较高的家长，在小学阶段自己教小孩。刚开始，政府不太支持，但慢慢接受了，并且有了管理制度。

三、参观社区大学

为了了解美国社区学院和高中在高中生教育方面的协作,下午我们参观了Asnuntuck Community College(阿斯南塔克社区学院),其发展在一定程度上体现了美国的教育理念。社区学院为每一个人提供接受教育的机会,为其将来可能的发展创造条件。社区学院类似中国的大专或技工学校。学生可就近上学,学费不高,但能学到技术。如果想继续学习,学分可以带到大学本科,在康州的任何一所大学上学。如果到其他州上学,就要看学分是否符合该学校的标准。在Asnuntuck社区学院我们参观了几个实践场地,设施设备都很齐全,学生实践操作的机会比较多,比如焊接专业、数控专业、精密机床专业等,这些都是很实用的专业。

图1　Asnuntuck社区学院

我们还特别了解了3D打印机的使用和计算机编程。介绍人说70%的飞机零部件是3D打印的。介绍的老师还说社区学院是值得尊重的,现在的产业工人都是大学生。学校培养多样化的产业工人,学生来自不同年龄,有高中生,有失业的人,还有感兴趣的老年人,也来自世界各地。社区学院的工程学科,理论和实践结合得很好。如果学生毕业找工作,其在大学的学费,雇主可以帮忙先付了。因为他们觉得社区学院出来的学生学到了真正的技术,给学生付学费也值得。Asnuntuck学院的学生学习基础很好,实践能力强,对新技术接受得也比较快。

社区学院培养新型的产业工人，他们有技术，学习能力也强，为社会做出了巨大的贡献。这一点值得我们思考，我们国家也需要有高级技术的产业工人，我们也应该客观地看待技术学校的学生，不能认为技术学校的学生就是差生的代名词。

2017年11月27日

走进美国高中

带着好奇、问题和期待,我们进入了本次计划行程的第一所高中Canton High School——当地一所有名的公立学校。Andrew Dipippo校长亲自接待了我们,并向我们详细地介绍了这所学校。Canton High School的办学理念是:严格、尊重、责任、价值。(见图1)

图1 Canton High School的教学理念

我们一行二十人分成四个小组。美国班级的人数都比较少,只有十几二十个学生。我们进入课堂观课要经过同意,不能随意去听课,听课期间也要尽量不影响学生的正常上课。我们被安排走进八个课堂,每个课堂逗留十分钟。虽然是走马观花地进入课堂听课,但我们对美国高中的课堂模式还是有了一个整体的印象。美国课堂基本都是小组合作、小组讨论的学习方式。学生自由表达自己的观点，是课堂的主角；教师以学生为中心，是引导者。整个课堂看上去很自由，学生也不用端正地坐着，但他们的心思在课堂上。学生参与度很高，都很积极主动地表达自己的观点。课堂形散而神不散，是思想自由放飞的课堂！

（中国中铁创新研究院）听取了"STEM"课程培训师Crystal的讲座，对"STEM"课程有了比较全面的了解。2011年，美国国家科学院研究委员会发布了《成功的K-12阶段"STEM"教育：确认科学、技术、工程和数学的有效途径》的报告。可见"STEM"教育是从幼儿园开始，一直延续到高中阶段（美国的K-12阶段即Kindergarten-Grade 12），是连续性的学习过程。"STEM"是科学（Science），技术（Technology），工程（Engineering），数学（Mathematics）四门学科英文首字母的缩写。其中，科学在于认识世界，解释自然界的客观规律；技术和工程则是在尊重自然规律的基础上改造世界，实现对自然界的控制和利用，解决社会发展过程中遇到的难题；数学则是技术与工程学科的基础工具。"STEM"教育绝对不是分立学科的，并非学科之间的简单加减，而是将跨学科的知识运用到解决真实问题的场景中，让孩子能够把零散知识变成一个互相联系的整体，是一种跨学科的学习方法。它更注重培养学生的创新能力、解决问题能力和合作能力。由此可见，生活中出现的大多数问题需要应用多种学科的知识来共同解决。

图2　和美国同行进行交流

"STEM"课程培训师 Crystal提到，Why do we develop STEM Courses?（我们为何要开发STEM课程）。她提及的答案，我最欣赏的是提升批判性思维和解决问题的能力。这方面的能力是我们比较欠缺的。学生能力和思维的培养要尽早，而且要有连续性。思维能力的培养，要从娃娃抓起！很欣喜的是，我国的科学教育也在变革中。《中学生发展核心素养》和《小学科学课程标准》在基础教育领域，体现了工程、技术与科学相结合。如何开展跨学科教育对中国教育界也是一种挑战，我们在学习外国的教育理念和教学方法时，要因地制宜，找出适合本国的教育模式。

2017年11月28日

美国的技术学校

美国的文化是多元的,办学方式也是多元的。我们今天上午的主题是了解美国的职业高中。职业高中是美国学生成才的一种选择。

我们到达美国的Prince Technical High School,了解美国职业高中的办学情况。该所学校校长首先向我们介绍了职业高中的情况。

一、课程设置

普林斯职业高中全年共有182天学习时间,其中文化课91天,专业课91天,每节课51分钟,文化课和专业课同时进行。

21世纪,技术职能课是培养技能和个人品格的课。学校设置了以下课程:math,plumbing,bioscience and environmental technology,multi-cultural event-gym,advanced manufacturing,information system technology,hair dressing,culinary,进行分层教学授课。学校拥有先进的教学设施设备,开展各种活动。例如,开展回到母校活动,还参加美国技能职业大赛。技术学校给学生提供先进和齐全的实践操作场地,理论课和实践课并重。在实践课方面,有建房子的课程,学生很自豪地带我们参观他们亲手建的房子。厨师的课程也给人留下了很深刻的印象。我们的午餐是学生准备的,整个餐厅的服务也是学生提供的,很好的实践机会。学生们见到我们都很开心。他们的服务和烹饪技术也很专业。

学校的口号是:If you want to be successful in life,come to Prince.(如果你想成功,来普林斯职业高中)职业高中也是成才的一种很好的选择。

2017年11月29日

美国的特殊教育

今天下午,在康涅狄格州校长中心,我们听取了特殊教育研究员Stephen的讲座,他向我们介绍了美国特殊教育的情况。讲座的题目是:一个都不能少——美国学校的特殊教育。

一、联邦政府的特殊教育法案

根据《联邦法》,学生在21岁前接受特殊教育都是免费的,政府有专项的特教资金,为有这种需求的学生提供帮助。康涅狄格州严格执行联邦政府有关特殊教育的规定。

二、特殊教育对象的界定

特殊教育对象的界定,分得很详细,便于为特殊教育对象提供服务。

(1)学习有障碍的学生。

(2)健康有障碍的学生。

(3)自闭症儿童。

(4)情绪不稳定影响到学习的学生。

(5)语言有障碍的学生。

(6)视觉有障碍的学生。

(7)听觉有障碍的学生。

(8)无法站立的小儿麻痹症学生。

(9)智障学生。

(10)事故造成身体有障碍的学生。

（11）3～5岁语言表达落后，身体协调方面能力低于其他儿童的学生。

特殊教育的目的是：让这些特殊学生能够独立地生活，为这类特殊学生上大学提供帮助；培养特殊学生的工作能力，为他们能够独立生活提供帮助；培养特殊学生的社会交往能力等。大部分普通学生18岁就毕业了，但特殊教育学生要21岁才能毕业。毕业后的特殊教育学生可以继续接受帮助。特殊教育让这些特殊群体有均等的受教育机会，让他们在学校和社会有竞争能力，有独立生活的能力，让他们有足够的自信去面对人生！

2017年11月29日

高中课堂完整的听课实录

今天的活动主题是Observing STEM—Teaching and Learning in the Middle and High School（STEM教学观摩——初中和高中）。

丹主任接受了我们想完整地听一节或多节课程的建议。今天，我们还是分为四个小组，每个小组五人，我被安排去听生物课。我们的学习不分学段和学科，从小学到大学，各种学科的课都听。还好和我同行的有一位生物老师贺建，来自华南师范大学附属中学，生物学专业的东西我可以请教他。我也可以顺带帮他做一下翻译。这样下来，我们就可以听懂美国老师教的生物课了（见图1）。

图1　Academy of Science and Innovation康涅狄格州科学和创新学校

生物课堂的第一环节：课前学生按照教师布置的学习任务，在电脑中学习，带着问题进入课堂，提问了解。第二环节：基因实验课，学生做样本，花了大约两节课时间，一个半小时。第三环节：测试。第四环节：小组报告。这是一周的学习任务。本次现场听课是第二个环节，DNA模具制作部分，时间是一个半小时。学生把上节课准备好的颜色模具带到课堂上，按基因的模型，一个一个粘贴在一张大的纸板上。课堂以小组为单位，制作DNA模具。教师在各组之间来回走动进行指导。

  感想：课堂注重学习过程。教师花比较多的时间让学生进行小组合作学习，注重培养学生的动手能力，培养学生的观察和思维能力。学生的合作能力比较强。

2017年11月30日

参访哈特福得IB学校和磁石学校

上午，我们参观了康涅狄格州哈特福得市的International Baccalaureate Academy（IB）。这是一所公立中学，学生成绩比较好，但设施一般，并不是富裕区的学校。校长凯瑟琳女士向我们介绍了办学目标：促进学生的学习和提高。她还介绍了什么是IB学校及其课程设置。学校有八个学科组：语言学、语言和文学、个人和社会、科学、数学、艺术、体育和健康教育和设计。学生选择七门课，加一门世界语言，并且每年至少参加一项跨学科的合作。课程活动也很多，如果本校没有这个课程，可以去附近别的学校学习这个科目。十年级期间，学生需要完成一个长期目标项目和一个个人项目。

IB学校的课程难度大，但是它能够给孩子们高中四年提供不断反思和提升的机会，比普通高中更具有挑战性。同时IB学校与世界各地交流的机会比较多，可以让学生开阔视野。一些难度比较高的学习任务，为学生以后升入大学的学习打下了坚实的基础。学生获得的国际文凭，每年要接受国际文凭组织的考核。学生生源多元化，来自不同的国家。高中取得的学分可以带到大学里。教学内容国际化，可以跨学科交流。学生的组成有白人、亚裔人、非裔人和混血儿，全部都是电脑抽签入学。学校的特点是在学术、艺术和社会活动中建立一个平衡，学生不仅能发展学术技能，还可以通过沟通、合作、自我管理、研究、自我反思和思考的过程学习如何交际和管理情绪。

我们还通过和学生进行交流，深入了解了这所学校。以下是我们对学生代表提出的问题：

（1）为什么学习中文？

（2）学习中文的困难在哪些方面？

（3）学习中文对你来说意味着什么？

（4）学习中文后如何使用中文？

学生的答案很多元。美国人学习中文的热度在不断提升，汉语正在走进美国，走上世界的舞台。

我们还提出问题：IB教育对你来说意味着什么？学生回答：

（1）课程比较难，要经常反思，不断自我进步。

（2）IB教育让人开阔眼界，拓展国际视野。

（3）课堂学习很重要，课外实践也很重要。

通过听课以及和学生进行交流，我们感觉学校虽小，但像一个家庭。课室有点心，上课时间学生可以吃点心和水果。评估方式更有效，比较有弹性。

我们也和中国留学生进行了交流，他们分别来自北京、湖北和厦门。问及为何选择到美国读书，为何选择这个学校？学生的回答是为了更方便升入美国好的大学，这个学校的课程比较难。学生住在美国，能够比较快地融入美国文化，美国人性格更直接，不会拐弯抹角地表达。中国学生住在美国的话，能够学会更好地表达自己。参加住家妈妈的活动，他们很容易融入美国生活，提前适应美国的高考。中国学生也提及这里的学习比较轻松，但英语不好的话，学习会比较困难。中国学生也做了中美教育比较：国内以学习为主，但美国要求比较全面，提供的发展机会比较多。比如历史课，中国讲得比较多的是名人做过的事，而美国的历史教学主要讲如何评判这些人，学生要写特别长的观点或论文。还有数学课，我们是窄而深，美国课堂是宽而浅。教师可以设计自己的课程，没有统一的标准，主要看教师和学生是否享受这个课程。每个人都有一台笔记本电脑，在学校学的东西，教师会发到网络平台，学生自己在家里学习。每个学生都有自己的风格。这几位参与交流的中国学生还说，来美国留学的学生，只有生活独立、目标明确、特长明显，才有优势，还要培养自处的能力。

我们下午参访的学校是哈特福德市磁石学校，目的是了解全球化教育以及科技在美国学前至小学五年级阶段的教学和实践模式。我们参访了一所以自然科学为主题的小学，学校很重视人文方面的学习。我们观摩了四节课，观察结果如下：

课堂一：探索食物链

一年级学生，课程主题是探索食物链。让学生写下动物的名称，并画下与这个动物相关的食物链。课堂的教学模式是小组合作，学生四人为一小组，围着圆桌坐下来讨论，教师一个个小组进行辅导。学生举手提问，且都比较活跃。教师很重视和学生的交流方式，会蹲下来和学生进行交流。

课堂二：讲述一个故事

学生扮演故事中的角色，其他学生就故事内容提问。这里用的是故事扮演与演播的教学法。教师朗读故事，引导学生。这个教学模式要求学生一定要多阅读，才能提出问题和回答问题。学生阅读不同的书才能谈论不同的话题。

课堂三：阅读课

本节课的内容是讨论学生的作业。学生统一坐在地板上、屏幕前，方便观看屏幕内容和进行交流。这个课堂有三个老师，其中两个是特教。阅读提出的问题很有意义：Illustrate a moment in the book that shows your character's most important trait（列举一个在书中能说明你的角色的最重要特点）。

你的性格如何，你的性格和书中人物的性格有哪些是一致的？这样的设问，学生比较感兴趣。

课堂四：科学课

我们还观摩了一节三年级孩子们动手制作火星着陆器的科技活动课——火星着陆的瞬间模拟。令我惊讶的是，教授这门课的教师把自己的两个孩子培养成了美国航空航天局的工程师。该节科学活动课的目标是研究火星探测器降落原理，使用学生小组合作探究的活动形式。学生们利用一些简单的物品，如塑料袋、纸盒子、泡沫、细线等，制成一个装置，放入塑料球，然后将整个装置放在高处让它自由下落。在保证塑料球不碎的前提下，下落时间越长效果越好。学生们都很积极地参与这个科学活动。多次进行尝试，虽然不是很成功，但学生参与意识很强，他们对这个实验也很感兴趣。学校还有天穹馆，但一般不对外开放，我们有机会去了天穹馆。我们坐在天穹馆里观看演示，很有震撼力。小学的学校就有那么先进的设备，让我们大开眼界。

2017年12月1日

文化考察
——世界名校哈佛大学和麻省理工学院

哈佛大学（Harvard University）创办于1636年9月，是美国历史最悠久的高等学府，是常青藤盟校成员之一，也是北美最古老的法人机构。其最初被称为"新市民学院"，是神职人员的培养基地，后来为了感谢一名年轻的牧师约翰·哈佛所做出的捐赠，更名为"哈佛学院"。

走进哈佛大学，映入眼帘的是红色的建筑，一眼望过去的"哈佛红"，深深地吸引着参访的学员。哈佛大学原先是有围墙的，但后来拆了。学校奉行社会是大学，大学是社会的理念，开放给公众。我们参访了哈佛大学几个有名的学院，例如很有名气的商学院，万科之首的哲学院。哈佛大学的校训是"Veritas"（真理）。

图1　哈佛大学

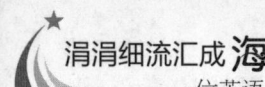

麻省理工学院（Massachusetts Institute of Technology，MIT）创立于1861年，素以顶尖的工程学和计算机科学著称，拥有林肯实验室（Lincoln Lab）和麻省理工学院媒体实验室（MIT Media Lab）。麻省理工学院是实验室最多的大学，有三个国家实验室。陈老师介绍说，人们都可以来麻省理工学院听课，它是最开放的大学，学校在网上有教案，讲座人们也可以听，但实验室是不对外开放的。麻省理工学院的校训是"Head and hand"（想到，做到，知行合一）。

图2　麻省理工学院

2017年12月2日

多元化的美国教育

——学习小结

经过一周的学习，我对美国康涅狄格州哈特福德市的教育有了一定的了解，对美国的教育法规也有了初步的了解。陈老师在美国定居了近二十年，在参访了世界有名的两所大学后，他向我们介绍了美国的教育特点。他说：联邦教育部管不了下面的学校，美国没有统一的教育规定，每个州的教育都是不一样的，每个学校也不一样。所以，他提醒我们写报告要具体到每个学校，不能说美国如何如何。美国的学校大体上比较重视能力，注重开拓每个学生最大的能力。他们对基础知识没有那么重视，重视的是技能、学习能力的培养。学校没有统一的教材，孩子受什么形式的教育，由家长来决定。

听了陈老师的介绍，我感觉到美国教育的多元化——无论是管理、形式，还是内容，都是多元的。

2017年12月3日

参访纽黑文市Amity High School

今天我们参访了纽黑文市的Amity High School,这是一所比较大的学校,生源来自三个镇,共一千五百人。课程设置:四年的英语和数学学习,三年的科学、社会科学学习,两年的外语课程学习,一年体育课、艺术课和其他选修课学习。由学生带领我们参观学校并负责介绍学校的情况,他们是在学校学习四年中文的美国学生(见图1、图2)。

图1 Amity High School

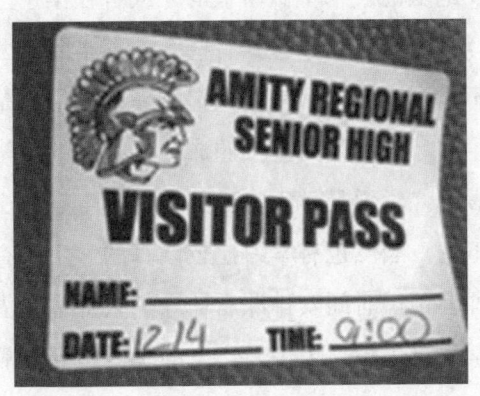

图2　Visitor Pass

一、西班牙语课

语言课的学生人数比较少。这个班只有十一个学生，教师有机会关注每一个学生。课堂实录如下：

（1）课前讨论，课前热身。

（2）作业检查。教师一个一个检查学生的作业，请两位学生把答案写在黑板上。教师在学生周围走动，解决问题，学生也可以互相讨论。

（3）学生解析答案。教师提问学生为什么选择这个答案，由学生解析，教师给出建议和点评。

（4）学生朗读。教师让学生朗读，学生课堂表现比较活跃，主动表达观点。

（5）练习。方式有两种，第一部分学生独立完成；第二部分小组讨论完成。学生完成练习前，教师提示要注意什么。

（6）后记。一整节课教师都在学生周围走动，进行个体辅导。小组讨论时间比较多，学生互相交流，小组代表发言。小组成员不固定，学生可以去别的小组讨论。课堂气氛轻松愉快，整节课教师和学生互动的机会比较多。

二、Electric music 电子音乐课

这是一节选修课，学生主要在电脑上完成练习。通过课堂观察，我发现学生有认真学的，也有坐在那啥也不干玩手机的；或者学了一下，在电脑上玩

游戏的；或者一直在电脑前发呆不做事情的；或者在桌子上趴着的；但教师都不怎么去干预。选择这个科目的学生，有些是为了学到东西，有些就是为了好玩。学生学习还是不学习，教师只是稍微提醒一下，最后是看学生是否能够拿到学分。教师对学生的考核不是完全按照成绩，教师的教学管理也不是非常在意学生在课堂上的表现。学习是学生自己的事。学生互相交流，教师几乎一整节课都在做自己的事情。当然也有学习比较认真的学生。有些学生主动，有些学生不够主动。教师会预留时间安排课后辅导。教师也会去提问一些不太主动的学生，但还是以学生自主学习为主。学生的学习主要依靠课后的努力再加上课堂的专注。

三、后 记

通过两节课的观察，我发现这里的学生很有自己的观点。小组讨论学习也比较多，一般小组意见最后要统一。最后呈现的答案是开放的，不一定是教师定的一个标准的答案。老师是课堂学习的帮助者和组织者。

2017年12月4日

Role of the Arts in American Education
（美国学校的艺术教育）

下午，我们在康涅狄格州教师发展中心听了一个有关美国学校艺术教育的讲座，讲座的名称是：Beyond the basics（超越基础）。音乐顾问 Russ Hammond向我们介绍了美国学校的艺术教育情况。

一、美国学校的艺术教育现状

钟摆效应。州重视，学校也重视；州不重视，学校也不重视。家长和社会也会跟随这种现象。不用测试的艺术课相应也会受到影响。艺术教育好的学校，其他方面也都好。

二、艺术教育的重要性

为什么要重视艺术教育？音乐顾问 Russ Hammond首先向我们发问，然后向我们讲述了艺术教育的重要性。

（1）培养学生的全科能力。

（2）提升学生的标准化考试能力。

（3）使学生更爱学校。

（4）培养学生的批判性思维。

（5）培养学生的社会交往能力和自信心。

（6）真正的原因。学生在音乐课上学到的艺术语言，在其他科目是学不到的。我们要做艺术的进行者而不是艺术的消费者，要进行艺术扫盲。虽然严格

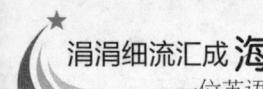

的艺术教育比较难办到，而且艺术教育无法评估、量化，但是艺术教育可以培养学生的认知和情感，使学生能够正确理解自己的情绪。艺术就是艺术，不要把它当作学习的任务。艺术教育要有普及性，课程设计要有连贯性。

三、艺术教育的标准

美国有国家艺术教育标准。比如说，合唱团队员要对作品曲谱进行理解，要对艺术和个人情绪进行理解，要对民族文化进行理解。康州艺术课是选修课，学生可以根据自己的兴趣去选择。艺术教育评价体系有音乐理论、音乐鉴赏。学校有艺术教育的全职教师也有艺术教育的兼职教师。艺术教师每年有八次校外培训。音乐教学用中学的五步教学法：①整体初感知；②反复听；③听和评；④表演；⑤评价。音乐课的五步教学法和其他文化科目的教学法也是相通的。

四、后 记

艺术教育在我国高中是比较欠缺的，尤其是县里面的学校。很欣喜，《新课标》要求有艺术类的考核。学校和家长开始重视孩子的艺术教育，无论是科学教育还是人文教育，艺术教育都有它存在的价值。

2017年12月4日

Guidance in the American High School

为了了解美国高中的学生辅导情况,我们来到了Staples High School(康州斯特普斯高中),给我们做介绍的分别是主管 Coleen Palme 和学校负责人 James D'Amico。

图1　Staples High School

一、高中选课指导

Staples High School 的学生选课指导,教师跟踪得很细致。学生在上初中时,高中学校的教师就开始到学生就读的学校去了解和介入,比如进行性格测试,指导学生选择合适的课。这样,学生在上高中时,选课就更有方向。九年级时学校开始进行选课指导,选课要与性格和兴趣联系起来。十年级进行目标设计和学习特点相关的一些测试，以发现学生的才能。

二、高中高年级进行大学升学指导

十一年级，学校开始进行大学的升学指导。十一年级学生个体辅导比较多，偏向大学学习指导。十二年级开家长会，大会小会都有，单独与学生和家长详细讨论哪些是合适的大学课程。学生指导中心也有很多报告会和有关申请的规划，对学生和家长都有详细的指导。十二年级学生升入大学的申请指导讲座由大学招生人员来见面座谈。由学生生涯规划辅导老师、学生辅导人员和代课老师写推荐信，推荐学生到适合的大学学习。

三、升学指导的方式和途径

学校有各种各样的招生说明会。通过这些说明会，学生可以了解学校是如何进行升学指导的。美国高校有四千多所，学生选择大学一般根据学术感觉、情绪的安全感、社会感觉和经济能力这四个方面来选择。学生要考虑是上大型的学校还是上小型的学校，学校地址是在城市还是在镇上，还有专业等问题。学校建议以合适为原则，要考虑学生的个性和性格特质，并非都是求高求大，适合自己的大学就是最好的大学。学生在十一年级就开始寻找一些适合自己的大学学校。学生可以在网上了解或实地考察。学生在十二年级正式递交个人陈述，参加面试。

四、大学录取的标准

大学录取的标准是学生的学习能力、未来的潜质、社会实践和是否参加了有意义的活动，例如社区活动、学生社团，以及学生在活动中贡献的大小。学生的性格和个性也在考虑的范围内，还要考虑学生的自我陈述和指导老师的客观评价。有些学校还看学生的特长是否符合大学学校的要求；有些还看学生的家长是否也在这所大学就读过；还有些大学看学生家长是否和学生申请的大学联系紧密。Staples High School的毕业生有一百七十多个被大学录取，占97%。

五、感 想

Staples High School的选课指导,将学生的生涯规划安排得十分细致。新课程改革下,我们中国学生的生涯规划教育也在起步之中。生涯规划,学科选择,适性扬才,合理规划。

2017年12月5日

美国课后教学活动以及良好向上的校园氛围和文化建设

下午，我们听取了学生活动助理执行主任 Dave Maloney 的关于美国课后教学活动以及良好向上的校园氛围和文化建设的讲座。

Dave主任首先提问：你校的校园氛围适合21世纪学生的学习吗？21世纪的学校必须以学生为中心，给予更加个性化的指导。校园文化建设和学习氛围之间的联系是非常紧密的，学生的学习和学习环境是相关的。

美国65个学校校园文化建设的成功因素是把学生当作人来看待和尊重，让学生有自我存在感，而不是被忽视，没有归属感，和学校是脱节的。学校为学生的学业和成长提供指导。学校的环境和文化是平等的、包容的，这样学生才更容易成功。关于成功，Dave 主任也强调，学生对教师的观感是很重要的一个因素。

学生和学科要有联系感，学生和教课的教师要有亲切感，学习要有一种投入感，课堂教育和课后教育要有参与感，这样才是一个很好的学校文化。情绪和智慧之间的关系是：Emotion drives attention, attention drives learning. 学生的精神健康也是影响学习的关键因素。

校园文化并非可视的学校的一些硬文化，它更是体现在学生和学生之间，教师和学生之间，教学管理人员和教师之间，教师和教师之间，教师和家长之间的一些内在的联系质量。它是一种学校的价值观、信仰、规范、准则、思想等内在的软文化。

2017年12月5日

美国私立高中学生思辨能力的培养和教学

The Loomis Chaffee School（康州鲁米斯查菲私立学校），环境非常优美（见图1）。我们首先参观了校园，整体感受了私立高中非常好的教育资源和学习环境。

图1　The Loomis Chaffee School

一、思辨的课堂

参观校园后，历史老师 Mark Williams 向我们介绍了他对思辨能力培养的一些观点和做法。Mark老师认为，历史课就要以历史的方式来看待学习，用历史的思考方式来学习；科学课就要以科学的方式来学习。各科都有各科的学习方式，这对学生以后的发展是很有用的。人们不可能学什么以后就用什么，主要是培养能力。上学的目的不是为了谋生，而是为了适应社会。接着Mark 老师讲了一个历史课的教学内容。上课前布置任务。课中从历史的未解之谜开始课堂教学，用提问和设问的方式来开展教学。他从一些学校事件，一些学生容易理解的事情开始，引到大的事件。课堂问题如下：

问题一：我们这所学校在温莎小镇，1889年建立，我们镇殖民统治色彩的名字要改吗？

问题二：当时温莎小镇的英雄是在屠杀印第安人后建立了小镇，这个当时立的雕像现在还该放在学校吗？

教师运用的是问题驱动式的教学方法。教师一般不会讲述知识性的东西，让学生自己去查看资料，了解当时的情况，不然学生根本回答不了或回答不好这些问题。提出一些好的问题可以训练孩子解决问题的能力。

二、批判性思维和创新思维的培养

1. 历史老师Mark Williams

Mark老师说批判性思维和创新思维是要经过长时间培养的。教师要有意引导学生进行发问，问题的难度要有所提升。在学生表达自己的观点时，教师要及时表扬学生，及时反馈答案，或者和学生一起来寻找答案。学生讨论的结果不一定是教师都认同的，但教师可以允许多种意见表达。教师很少自己去讲述一些历史事件，先布置学生自己读，自己学习历史事件，这样他们的思维会更广。这也给学生一个学习的理由，如果自己想知道，就自己去查找。如果让老师去介绍和描述，学生的思维就固化了。讨论问题时，教师尽量不要先给想法。如果学生解决不了问题，教师可以引导学生自己去解答。教师可以指导学生去看书，查资料，也可以以后再次来讨论这个问题，也许是一年后甚至两年后，让学生在宽松的思维环境下表达自己的思想。

2. 生物老师Alexander

Alexander老师从教28年，儿子在这所中学毕业，现在女儿也在这读书。他认为这是办学质量比较好的一所私立学校。他给我们介绍的培养思辨能力的课堂是细胞生物学课堂，利用翻转课堂的教学模式，主要教授教学理念和模式。Alexander老师介绍了在生物学教学中如何培养学生的思辨能力。

课程教学要激发学生的兴趣，提问要有趣，让学生有动力学下去，但提出的问题不能太容易，要有一定的深度。知识方面不会专门进行讲述，当学生需要时，教师才去讲。教师主要关注学生能力的培养。Alexander老师一般会把资料发给学生让其自学。教师是训练员、辅导员,和学生一起共同学习。教师也不知道答案,要鼓励学生去完成,让学生有成就感。教师将社会实践性和社会需求性相结合,将技术性和思想性相结合,培养学生创造、想象、商业(企业)精神、创新四方面的能力。

  教师在课前要做好充分的准备,保证课堂可以有效地进行。教师要做好教学软件,让学生先自学。教师也可以了解学生自学了没,这些都有记录,利用大数据对学生的自学情况进行了解。视频可以重复使用,以后可以再加上一些新的内容。学生可以适时观看并了解情况。教师会告诉学生不要指望老师能够解决所有问题,要自己解决问题。比如有关克隆的一部分问题,Alexander老师说他们都不清楚,学生自己请了一个科学研究者来上课。

2017年12月6日

特教学校

  在前面的学习中，我们听了有关美国特殊教育的讲座。今天，我们来到了位于康州西哈特福德市的特殊教育学校Gengras Center School。学校有176位教师，146名学生，它既是一间公立特教学校，又是University of Saint Joserph 附属特殊教育实验基地。

  这是一所比较完善的学校，身体训练教师、心理教师等都是有特教资格的教师。学校有6名住校护士，还有学生的食品营养师。学校除了教授知识外，还提供艺术教育，如音乐、体育等，还有身体和心理上的关怀。在校学生都要接受职业教育，学习工作习惯和工作纪律。学生离开学校后能够找到工作，能够养活自己。这所学校是大学的一个组成部分，是各种专业学生的实习基地。大学设施对学生的作用很大，学生可以学习用钱买东西，在图书室、咖啡厅等实习。在这所学校，特殊技能可以得到实践。

  这里的教师都很有耐心，很专业，对学生进行一对一甚至二对一的辅导。学生可以在知识技能和基本生活方面得到指导，独立生活！这里的孩子可以得到优化的教育。教师会给予他们特别的关怀与爱护，使每个学生都能掌握生活和工作的能力。平等教育在这所特殊教育学校中得到了体现！

2017年12月7日

康州汉姆普顿公立学校

为了更加全面地了解美国基础教育的架构、管理和办学体制，我们参访了康州汉姆普顿公立学校。学校对学生的管理有自己的特点。

一、学校规则的制订

每个学校都有其最关注的学生重要品格，班级或课堂也可以有不一样的规定，但是所有规定都是在学校大的框架范围内的。一些规定学校可以和学生一起制订，这样学生才有成就感。

二、学生行为的奖罚

每学期学校都会表彰学生。学生必须按照行为准则做。对违反规定的学生，学校不是对其惩罚，而是让其反思，停课反思。学生犯错，学校也会和家长沟通，和家长一起教育学生。教师和家长不是对立的，是教育的共同体。

很荣幸，本次学习我们有机会和美国康州汉姆普顿公立学校的学生和教师分享中国的传统节日——春节。冼贤老师作中国画，贺建老师现场书法挥毫，高春梅、揭振东和我三人一起介绍中国年，五个老师一起展示了中国的传统文化，体现了文化自信，弘扬了祖国文化！

2017年12月7日

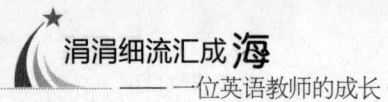

科技助推学习,标准规范品质

今天访问的主题是推动美国学校教育国际化的高科技教学手段的使用(6~12年级)。我们参访的学校是康州全球和国际化高中。这是一所公办的磁石学校,是比较古老的学校。它是年级的管理国际学校,是完全中学。学校的特色是国际磁石学校,比较注重让学生使用高科技进行自学的学习方式。

一、升格翻转课堂

我们参访的中学是一所完全中学,采用高科技教学和自然科学教学。学校就学生如何使用高科技自学的学习方式以及教师如何运用高科技辅助教学的教学方式做了详细的介绍。学校的教学主任介绍了升格改良后的翻转课堂。学生先一起上课,再回家观看课程视频,最后回到课堂训练。改良后的优势是学生更愿意去完成学习任务,更愿意去看网络课程,上课没听明白的东西可以通过网络目标明确地自学。学后观看,学生的学习目的性更强,学生有更多选择的机会,也可以有更适合的学习方式。

二、APP课程介绍

学校的李老师介绍了现场模拟物理、化学和生物实验的APP课程。教师介绍了一些教学软件、现场模拟图像、学生可视的一些实验,以提高教学效率,使课程更加生动和直观。这些主要起辅助作用,学生还是要动手实践。

三、教师的课程培训

教师需要制订长期目标和短期目标。学校每年要对课程教师进行授课评价。教师以结对子、互帮互助等方式提升教学能力。新课改、新科目的专项培训提升了教师适应现代化教学的能力，充分发挥了教师的特长，赋予教师更多适合的任务，给教师提供了平台。

四、观课感想

（1）七年级的历史课，学生先 present 非法移民的话题，小组展示他们对非法移民的理解，其他小组在电脑上提出问题。学生是否提问，教师通过网络可以知道，这样可以培养学生的批判性思维。

（2）阅读和写作观课。知识要掌握全面，从简到难，阅读技巧是可以提升的。通过阅读，学生可以提升自我认知。每个教师提供大概的指导，如阅读笔记要如何记。写作汇报课的授课老师介绍了写作技巧，让学生描写阅读书中的人物，让学生去展示，做一个报告，再在课堂上进行讨论和辩论。

（3）个性化的数学课堂。数学课主要是培养数学思维，还有数字调查、写报告、统计课程等能力。

（4）体育课。攀岩等小组团队活动，培养学生的合作精神，以及有责任心和勇敢的品质。

2017年12月8日

美国优秀教师的标准

康州学校联盟主任 Dr. Everentt Lyons 做了有关美国优秀教师标准的演讲。

一、美国优秀教师的标准

1. 课堂环境

课堂要充满尊重的氛围,教师和学生进行互动,学生学习积极主动。教师能够鼓励学生独立地使用一些社会交往技能,让学生对自己的行为负责。

2. 课堂的准备和规划

教师对课堂时间的分配合理,课堂效率高。课堂上教的知识和未来的生活有联系,与学生保持沟通。在相对自由的情况下,教师可以有自己的课程标准,教材和教法可以不一样,但要有适合学生水平的标准,即学生通过挑战可以达到的标准。

3. 学习指导方面

教师根据学生的反馈改进自己的教学,学生掌握的知识能够灵活地运用到其他方面,比如把数学概念运用到电学方面。教师能够培养学生的综合运用能力及学习能力,选择的东西是学生感兴趣的,难度合适,对学生的期待合适。

4. 职业心

教师自我评价积极,对学生的反馈也要积极,并能提高自己的专业能力,和同伴老师、家长一起为学生创设一个良好的学习氛围。

二、教师评价等级

评价主要分为两个方面:一是学生的成绩;二是教师的课堂表现。学生成绩主要体现在学生是否达到期待的目标。课堂表现主要是校长进入课堂观看教师的课堂管理是否合理，教学方法是否先进，课堂气氛是否和谐，学生和老师是否互动，学生是否专注于学习，并从中评价一位教师。评价有四个等级：一是不达标，可能会被开除。二是正在发展，有待提高。大部分教师都是有一年或两年教学经验的，知道教什么，但经验不足。学校会给他们一段时间，帮助他们提升到三级教师水平。三是教学熟练。大部分教师是三级教师。四是模范教师。模范教师比较少。

教师要给自己设定合适的目标，校长也要给教师设定目标。教师基本完成这两个目标，就能达到三级。如果只完成一项，就是二级。对教师的评价，不是以学生的分数为唯一标准，还要综合教师各方面的能力来设计等级。设立评价等级不是很具体的数字，更多的是为老师和学生提供一个指导，让教师能够按照这个指导改善和提升自己。如果校长在听课时发现教师课堂管理能力不够好，学校就会安排一个课堂管理能力好的教师指导他，并且建议教师上网去学习这方面的内容。校长也会和教师谈话，学科主任也会帮助他。评价教师的方法，既有数字指标，也有一些无法用数字来量度的指标，这种评价方式比较人文。

2017年12月8日

毕业仪式

时间过得飞快,不知不觉我们在康州已经学习了两个星期,第一阶段的学习圆满结束。我们在 Connecticut Association of Schools 举行了一个简短却非常有意义的毕业仪式,并得到了毕业证书。这一纸证书凝聚了我们大家的努力(见图1)。

图1 Connecticut Association of Schools 的毕业仪式

2017年12月8日

纽 约
——学习第二站

在康州的哈特福德市参访学习了两个星期后,从今天开始我们是在纽约州的纽约参访。带着期待和好奇,我们继续前行。今天我们参访纽约的一所私立学校——Hackley School(哈克利中学)。美国一般不会堵车,但纽约这个国际大都会是个例外。早上六点半,天还没亮,我们就出发去纽约市区的学校参访了。学校主任做了简单的介绍,从幼儿园到高中的办学模式,三个部都有各自的负责人。学校的理念是:孩子的心智和人格都得到发展时才能更好地学习。学校比较注重个性辅导,每周安排学生会议。小学班级人数比较少,16个学生一个班,由两个老师管理。高中400多人,一个年级有100人左右。教师对每个学生的情况都要清楚,要关心爱护学生,除了学习外,还要关心学生的成长教育。

一、如何塑造学生的性格

学校主任介绍说,学校会根据学生的问题进行干预,但学校更强调对学生待人处事方面的培训。每个教师带8个学生,从八年级开始到十二年级,都是一直跟进的。学校还经常进行主题教育,比如感恩节,学生会写感谢卡,送给学校的员工。对于有行为问题的学生,不是处罚,而是注重帮助他们改进,以寻找更好的活动,并在平时的学习生活中培养学生良好的个性。

二、教师培训

教学和教师的培训,首先是学科主任负责课程设计。教学主任委员会,两周开一次会。每年有三天，教师会针对自己所欠缺的方面接受培训，或者针对新的教学内容接受培训。

三、英语课堂观课

课堂观察是十一年级十五人的英语课，是圆桌的课堂。整节课学生都积极参与课堂，表达自己的观点。从课堂中我们可以发现，这些学生喜欢阅读。教师充分利用思维导图，使文章结构更清晰，更有助于学生的记忆。

四、科学课堂观课

我们听了一节七年级的生物课，生物课室的布置很有生物的元素。课堂实录如下：

第一步，课前学习情况，细菌。细读材料，为明天的实验做好准备。小组合作学习，并做一个简单的问题介绍和实验介绍。

小组一：人们摸过的门扶手，有多少细菌会传下去？多人用的扶手和少人用的扶手，细菌有何不同？

小组二：学生求助，教师鼓励学生提问，给一些必要的提示。

小组三：使用各种洗洁用品后，洗出来的效果是什么？做采样。是否还有细菌？看细菌样本！

课后反思：教师和学生很和谐，老师跪在地上和学生进行交流，和学生是平视的。这是很生活化的课堂，学生能够主动参与。

五、校园文化

这所学校的校园文化很不错，学校是常春藤八个高中联盟之一。如果教师从教满二十年，教师的画像会被挂在墙上。墙上还有每一届学生的毕业照。我感觉在这样的学习氛围下，教师和学生都很有归属感。

2017年12月11日

李文斯顿高中

新泽西州有三百多所高中，李文斯顿高中排第七。它是新泽西州的一所公立学校，是一所综合性学校。学校有较多的交换生活动，开设的外语学习课程也比较多，有汉语、法语、意大利语、西班牙语等。

一、为学生提供很多展示的平台

学校给学生提供很多展示的平台，学生制作的PPT和宣传片，非常有学生的活力和视角。学校有学生制作电视节目的电视台，给学生提供平台，参与展示学校的活动，让学生在活动中锻炼自己的表达能力，让学生有责任心、荣誉感，学生也会更爱学校。

二、观 课

在观课过程中，我们了解了李文斯顿高中的一些课程，有大学预备课的文学课。我们还听了一节英语课，有两位老师在上课，一人主讲，一人辅助，学生约有二十人。

三、学生咨询处

学校对学生的规划指导很细致。在初中时，李文斯顿辅导老师就开始和学生见面，为学生的高中学习计划做前期沟通。在高中一年级，老师就和学生讨论并计划课程、选课，并在心理发展和为人处事等方面提供指导。学校和全美大学都有联系，跟国际上的一些大学也有联系，可以帮助学生了解学科，以便其毕业后尽快适应社会。另外，在学生人生发展的重要时期，学校也会给予最大的帮助。

四、后记

在学生生涯规划方面,学校和教师提供了很多帮助和指导,这是值得我们借鉴的地方。如果学生清楚自己的优缺点,了解哪些专业和学校适合自己,学习一定会更加有动力。

2017年12月14日

返 程

  21天的美国创新机制学习考察结束了。通过课堂观察、听讲座和学校参访等活动，我们基本了解了参访地的教育。美国之旅，发现之旅；观摩课堂，体验课堂；不同文化，思想碰撞；留下思索，继续前行！

2017年12月16日

第五篇

培 训 心 得

广东省新一轮"百千万人才培养工程"第二批高中文科名教师培养对象首次集中培训

广东省新丰县第一中学 李细娟

经过层层遴选,我终于成为25名广东省中小学新一轮"百千万人才培养工程"第二批"高中文科类名教师"培养对象(广东省基础教育高端人才培养的重点项目之一)中的一员。首次参加集中培训,我充满期待。这三年,我要成为怎样的自己?我要如何充分利用这个学习机会,破茧成蝶,成就自我?

一、广东省新一轮"百千万人才培养工程"顶层设计解读

华南师范大学研究员、博士生导师吴颖民向我们解读了广东省新一轮"百千万人才培养工程"顶层设计,讲述了实施广东省中小学新一轮"百千万人才培养工程"的背景,是国家、省《中长期教育改革发展纲要(2010—2020年)》的要求,是落实教育部《关于大力加强中小学教师培训工作的意见》的具体部署,是广东省建设南方教育高地和教育强省的现实需要。吴颖民还提出了新一轮"百千万人才培养工程"的指导思想与工作目标、培养目标、形式与要求。名教师的培养目标是造就一批师德高尚、理念先进、视野广阔、学识渊博、业务精湛、学科教学能力卓越、有个人教学风格、在国内有较高知名度和影响力的教师。吴颖民教授最后对广大学员(培养对象)提出了几点建议:①珍惜学习机会,把握发展空间;②自觉转变角色,自觉服从管理,自觉遵守各项规定;③发扬优良学风,学以致用,学用结合,知行统一;④学会倾

听、借鉴、反思、凝练、表达，这些是提升培训效益的关键要素；⑤不仅要重视个人素养的提升，而且要重视教学、办学质量的提升，还要重视带动同行提升。听了吴颖民教授的讲座，我忽然意识到这三年注定会不平凡，注定要经历许多考验，但注定会收获不一样的自我。

二、基于胜任特征的自我规划

了解了广东省新一轮"百千万人才培养工程"顶层设计后，我们聆听了华南师范大学基础教育培训与研究院王红院长"基于胜任特征的自我规划"演讲。什么是胜任特征？胜任特征就是你身上所具备的让人放心、让人对你出色完成工作有信心的那些因素。如何让自己具备胜任特征？王红院长说，首先我们要知晓和了解名教师的胜任素质；接着是对照和了解自己距离这些胜任素质有多远；最后是规划，明确如何让自己具备这些胜任素质。知晓、对照和规划，给我们提供了很好的路径，但最关键的是，如何在这三年里去成为名副其实的名师——那将只有行动！

三、破冰之旅　了解之窗

在班主任宋春燕博士的指导下，我们进行了"破冰之旅"团队互动活动。这个活动旨在让学员彼此由陌生到熟悉，进而相互沟通和交流。高中文科班的同学来自不同的地区，不同的学科，但通过活动，同学们一下子熟悉起来。

这次活动消除了学员隔阂，增加了学员的合作意识和协作精神，有助于培训顺利完成。通过这次活动，我的体会是要学会合作，学会从别人身上汲取优点。

宋博士还详细地解读了三年的具体研修任务，叮嘱我们要利用好"省百"这个平台，不断提升自己，成就最好的自己。

华师论剑　共筑梦想

未来不是要去的地方

未来是需要我们去创造的地方

未来三年不会培养大家成为大师

未来需要我们共同反思共建平台

让教育新理念绽放美丽校园

让我们携手合作

华师论剑

共筑梦想

阳光总在风雨后

——德育管理与教学的融合

在广东省新一轮"百千万人才培养工程"第二批"高中文科类名教师"首次集中培训的第三天,我们来到了美丽的大学城。在广州大学附属中学,我们聆听了邓云洲校长的讲座。邓校长的讲座很接地气,感觉就像是在听邓校长讲述自己的一个个教育教学小故事,那是实践者实实在在的教育故事。让我体会最深的是邓云洲校长关于班集体的建设和绿色高考、生态高考的理念。

一、班集体培养的途径

1. 创造良好的"第一印象"。

暑假里给每位新生写一封热情洋溢的欢迎信,精心设计教室的布置风格。开学第一天让学生参与调查《我理想的班集体》《我理想的班主任》;开学第一周让学生每人为班级做一件好事,开第一节班会,主题为《我的自画像》。

2. 建立平等的人际关系——尊重和信任学生。

3. 培养集体情感。

4. 确立集体的奋斗目标。

5. 开展丰富的集体活动。

6. 用"法制"取代"人治"。

7. 组织多种类型的学习竞赛。

8. 形成健康的集体舆论。

9. 强化最后的集体意识。

邓校长用细致生动的例子,幽默风趣的语言讲述这些班集体培养的故事。这是邓校长多年积累的宝贵经验。只有在深入了解和实践中,才会有如此丰富的经验。很赞同邓校长的看法:"对一所学校而言,班级管理的意义与价值不言而喻。从一个极端的意义上讲，如果你拥有了一个良好的班级，那么你还缺少什么呢？如果你没有了良好的班风，那么你还拥有什么呢？"

二、绿色高考、生态高考

邓校长认为，在枯燥的高考数据背后，一定有着丰富的内涵。这丰富内涵的一个重要影响因素就是德育的含金量。在一定程度上讲，德育含金量的高低决定了教育成色的高低。因此，单纯地为高考而高考，这是没有品位的高考；单纯地为教学而教学，这是效益低下的教学。所以，我们所倡导与追求的就是：绿色高考和生态高考。校际间的竞争是德育的竞争，德育的投入是最有效的投入。高三学生一年的备考历程，在某种意义上讲，就是学生精神世界的发育史。教室，不是"学监"，更不是"学牢"，而是师生朝夕相处的家园。常规管理有其强大的生命力，一定会为教育教学质量的提高奠定坚实的基础。邓校长注重文化育人，开设了多种社团。参加社团活动不但没有使学生成绩下降，反而培养了学生的多元文化意识，使学生的精神得到了升华，身体素质得到了提高。师生一起参加体育活动，融洽了师生关系，提高了教师的教育幸福感。

德育和教学是分不开的，德育在高考激烈的竞争中尤其重要。邓校长从实践经验出发，给我们上了一节很实在的德育和教学相结合的管理课，广州大学附属中学成功的案例让我更深入地体会到德育的重要性。活动中育人，文化中育人，要营造和谐发展的师生精神家园，切实促进学生的全面发展。

广东省新一轮"百千万人才培养工程"第二批高中文科名教师培养对象第二次集中培训

广东省新丰县第一中学　李细娟

今天是培训的最后一天,我很荣幸能在现场聆听李镇西校长讲《朴素最美,幸福至上》,顺便可以一睹他的风采。

这次活动先由学员代表抛砖引玉,讲述困惑;接着是李镇西校长讲述他的教育故事;报告后是学员现场提问;最后是学员的元认知活动——进行输出与构建活动。

李校长讲述教育故事,描述他的教育生活,似乎很普通、很平淡,没什么轰轰烈烈的教育元素,也没有高大上之感,但正是这种教育的朴素之美,才是最自然、最永恒的东西。

一、教师幸福的源泉

1. 教师幸福的源泉来自他的学生

一组组照片记录了他的教育生活,点点滴滴都是爱心的呈现。看他和学生在一起玩,是那么有亲和力和感染力。他还保有以前学生制作的课件、手抄报等,那是他和学生共同的记忆。教育就是李校长的初恋,那份情永远不会变。多么有教育情怀的老师,多么亲切的校长!

他的话语也教育了我，学生是我们幸福的源泉，其实并不只是教师在付出，而是学生成就了教师。他提醒我要善于发现学生对教师的关爱。学生的一句老师好以及出差学习时学生的不舍，都让我好有存在感；上课时愉快的交流和互动，解答问题后学生的一句谢谢老师，这些都是教师幸福的源泉。

2. 教师幸福的源泉来自他的教育

他强调教师要有学生本位思想，要有学生视角，要从学生的角度思考问题。教育要有人味，要有人的气息，要由学科转向人。教师最美的时候就是上课的时候。他通过抓拍教师上课时的瞬间放到学校宣传栏的方式，让教师体会到教育的快乐。教师和学生和谐相处，共同进步。

3. 教师幸福的源泉来自他的纯粹

教师要有潇洒和自由的心，要做一名纯粹的教师。是否是名师并不重要，重要的是自己是否幸福。幸福比优秀更重要！为自己的学科而自豪是教学的源动力。我们教书育人，并不是为了某人而做的，而是为自己教书，这是幸福的源泉。我们要享受来自学生的幸福，虽然我们都是平平淡淡的老师，每天就是备课、上课、改作，但如果我们不忘初心，做一名简单纯粹、内心自由的教师，这何尝不是一种幸福呢？

二、教育不是拿给别人欣赏的

李校长管理的学校谢绝一切参观，校园清净优美和谐，没有铺天盖地的口号和标语，校园的每一处都充满了人情味。学校有教师、学生的作品和痕迹。校园雕塑来自教师的作品，楼名、校名采用学生的优秀书法作品，而不是来自名人名家。墙上挂的是教师上课时李校长抓拍的精彩瞬间的大幅照片。给教师和学生提供平台，他们才是学校的主人。最好的教育莫过于感染，最好的管理莫过于示范。

李校长特别向我们展示了一个很有意思的活动：在校园的凉亭下面挖一个大坑，埋一些教师的教案、学生的作业以及教学和学习用具，百年后再挖出来。这是多么珍贵的教育材料，是给母校校庆最好的礼物！留下珍贵的教育现场，在一百年后再拿出这些东西，那将是多么有意义的一刻！无论怎么变，人文不变。

我们还观看了学校的宣传片，以待提高生为题材讲述如何帮助他们提高的故事，以及新老师成长的故事。这和别的学校讲述学校历史、学校荣誉的模式不同。这是多么朴素！正因为朴素，所以永恒。

李校长还鼓励我们要自己培养自己，真正的名师不是别人培养起来的。我们要不断提升自己，不断地实践、思考、阅读和写作。

如果我们每天坚持写一些跟教育、教学有关的东西，积累起来，就是自己的教育故事，那将是多么宝贵的人生财富。

2016年6月17日

广东省新一轮"百千万人才培养工程"第二批高中文科名教师培养对象第三次集中培训心得

广东省新丰县第一中学　李细娟

2017年6月12日到18日,省"百千万"高中文科名师班学员在广州进行了第三次集中培训。这次培训,学员和学员之间,导师和学员之间,有了更多的思想交流和碰撞。本次学习内容更加丰富,课程形式更多,有专题讲座、思想助产、人人论坛、教育沙龙、读书分享会、共同体建设和体验学习等。

我们倾听了四个专题讲座,分别是罗清红院长的《物理透视下的教育思考与实践——大数据让教育走向实证》、左璜博士的《基于核心素养的课程与教学创新》、王红首席专家的《工作室学习共同体的运作机制——事项助产的理论与实践》和扈中平教授的《对"钱学森之问"的质疑》。这四个讲座开阔了我的视野,尤其是罗清红院长和扈中平教授的讲座,让我感觉如醍醐灌顶。

一、《物理透视下的教育思考与实践——大数据让教育走向实证》

讲座培训第一天,请来了来自天府之国四川成都的一位专家罗清红院长。罗院长是成都市教育科学研究院院长、中学物理高级教师。未听讲座之前,我对这个题目是有点担心的。我是文科教师,从物理学的角度来谈教育,这类内容接触比较少,况且高中时代我最怕的科目就是物理,所以,我有点儿担心听不太明白。听完讲座之后，我居然都理解了。我听得很认真、专注，还通过微信和罗老师谈了自己的感受。罗老师说如果能听懂的话，已经是很物理专业了，这让我很受鼓舞。也许是人生经历多了，现在可以多维度地思考问题和看问题的缘故吧。以下是我对讲座比较有感触的几个方面。

（1）世界上有形的物质只占了4%~5%，而暗物质（看不见的物质）却占95%~96%。对于无限的宇宙，人是多么渺小，所以人要有谦卑之心。

（2）道：道可道，非常道。

常道：能讲出来的。非常道：很难讲出来的。

最高的教育境界是感应，是身教，而非言教。道之"首"要任务，在"行"不在"言"。

（3）无论是东方还是西方，"教育"的原意都如出一辙，均有"引出"之意。在西方，"教育"一词 education 由拉丁文 educare 而来，其中 e- 为"出"，ducare 为"引"，合意为"引出"。苏格拉底称自己是"思想的接生婆"。

（4）

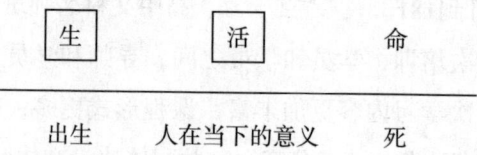

我们无法控制生死，但可以控制当下；生活是一种状态，是"生活"，而不是"活命"。

（5）教育是什么？教育是灵魂的唤醒。必须有灵魂在场，教育才能发生。有"共振"，才有"共鸣"。量子纠缠，教育千万要避免"形同陌路"。教师要有足够的频段吸引学生过来，用不同的频段吸引学生回来，回到学习中去，而不是跑去把学生抓回来。"包办"的课堂是没有灵魂的唤醒。灵魂没有唤醒，一切都是徒劳。

大数据让教育走向实证，大数据可以洞察真实的学生。通过大数据分析，未来的课堂节奏、进度、难度都可以在掌控之中，大数据也可以应用于德育管理。大数据时代，我们确实要物尽其用，让大数据更好地为教育教学服务。

二、《对"钱学森之问"的质疑》

听了华南师范大学扈中平教授的讲座后，不论对他丰富的学术知识，还是人格魅力，我都很欣赏。我们华师的教授真棒。扈教授的批判主义思维，其对"钱学森之问"的质疑，让我可以从另一个角度看待问题和思考问题。记得几年前我听了一个讲座，提及"钱学森之问"，那时给我的思考只是一个方面，思考教育问题出在哪里，但扈教授的思考更宽、更广、更深。他从多个视角去分析"钱学森之问"。今日中国为何出不了大师？为什么近代自然科学不产生在古代自然科学比较优秀的中国？他从地理、传统文化、宗教和哲学方面做了分析，开阔了我的思维和视野。地理上的原因，小国需要输入，产生了多样化；而我们中国地大物博，能自给自足，和外面接触自然就比较少。传统文化方面的原因，中国受两千多年传统儒家文化的影响，君子不器，影响中国的科学发展。

从另一方面，"钱学森之问"也许是一个假问题。只是就某一现象的产生或原因来说把非主要问题当成主要问题来讨论。学校教育并不能直接培养出"杰出人才"，它只是杰出人才的必要条件，而非重要条件。百年树人需要整个社会在"树"，不能把根本原因归到学校。教育受社会政治、经济、文化的制约，有什么社会就有什么教育，学校是一个小社会，教育不可能从根本上摆脱社会的制约和决定。我们不要夸大学校教育，对学校教育不能简单地批评，但学校教育也要好自为之，教师要有一些关键的东西，要有学养、内涵和学术的东西，不光是简单地传递知识。教师的知识面要广，综合素质要强，要有一定的文学修养。

我们教育者要有责任和担当，戴着镣铐跳舞，也要尽力跳到最好、最美！

广东省新一轮"百千万人才培养工程"第二批高中文科名教师英语工作室北师大（珠海）附中崔雅儒工作室跟岗总结

广东省新丰县第一中学　李细娟

2015年12月13日至19日，我们在北师大（珠海）附中崔雅儒教师工作室进行了为期一周的跟岗学习。此次跟岗，我们聆听了常新萍教授、崔雅儒老师、外教Aaron Richards的讲座，观看了李俊和老师的讲座录像，听了十一节来自不同学校采用不同风格的课，上了一节公开课，参加了多次北师大（珠海）附中外语组的评课活动。下面将我的学习心得进行总结。

一、导师指导，如沐春风

一个人有多优秀要看他有什么人指点，我很幸运能得到理论导师中山大学外国语学院常新萍教授的指导和实践导师北师大（珠海）附中广东省中小学教师工作室主持人崔雅儒老师的指导。

（一）常教授的理论指导

常教授的理论指导从关系的角度分析了教与学的关系、理论与实践的关系、教师与学生的关系。

1. 教与学的关系

教学相长，教师从学生那里也可以学到东西。教学是一门艺术，教学不能只是往外倒，也要不断地汲取。要多和学生互动，而不是灌输知识。教师要好学、会学和研学。

2. 理论与实践的关系

理论需要实践，实践也需要理论。教师要看一些理论的书，知道一些教育观点和出处。没有理论充实自己的教学，成不了家。

3. 教师与学生的关系

教师对学生的管理要人文一些。教师的角色是多元的，是传授者，也是会学习的人，会管理的人。会管理学生的情绪，会管理学生的行为，在学习和行为上引导学生。如果教师的心理定位是高高在上的，就不利于和学生构建亲近的教与学的关系。如果教师尊重学生的个体，在心理上放下心态，做一个谦虚的教师，和学生是平等的，那么学生就能亲其师，信其道。如果在教师那里能够找到自己的价值、自尊，学生就能自我调动。学生内在的小环境，要看一个大环境，看教师有没有给予这个和谐的大环境。教师要尽力让学生动起来，激发学生的内驱力，变要我学为我要学。对于英语的学习技巧，常教授认为学习的东西可以由下而上，抽象化的东西可以来自生活化的语言体验。如果语言学习与生活拉开了距离，就无法亲近，无法学习。语言学习要从最生活化的东西开始。

（二）崔老师的理论指导

崔老师从学员自身发展、科组建设和人生感悟三个方面指导我们。她不但让我们学到了专业上的东西，还给了我们人生的指导。崔老师的协调能力很强，充分利用自身的资源优势为我们搭建了平台，没有名师的架子，像姐姐一样关心指导我们。

1. 专业发展

要多磨课，观摩课就是不断学习、提升自身专业水平的过程。要学会抓住课堂，调动学生学习的积极性。教师理念要清晰，业务要强。

2. 科组建设

注意和科组教师的关系。要用人所长，多给年轻教师机会，以身作则，做好示范作用。崔老师还介绍了新教师的培养、百花奖、汇报课等内容。科组的组员要互相补台，互相合作，让教师个体的优点发挥到极致。

3. 人生感悟

教育教学上到了一定的程度，除了快乐工作，也要有生活，生活要有一定的品质。开心工作，健康生活！

二、外教讲座，文化差异

崔老师专程为我们工作室的四位成员请来了外教老师。我们在北师大（珠海）附中四楼的会议室听外教Aaron Richards的讲座。讲座的主题是English Language Education and Teaching Styles Across Cultures，让我们了解到中英文化的差异产生了语言学习方面的问题。Richards老师还给了一些建议，如encourage risk-taking, emphasize process-based over product-based learning, use a communicative and task-based approach, reduce class size。这让我们了解了外国人眼中的中国式英语教学，让我们从另一个视角了解了我们的英语教学。学生的英语学习问题、文化差异产生的问题，这些都值得我们在今后的英语教学中多一些思考。语言应该是生活化的，由下而上地教授语言。外教的讲座让我更加深刻地体会到中美文化的差异给英语教学带来的问题及解决问题的途径。

三、学员互学，取长补短

一个人有多成功要看他与什么人相伴。我们学员分别上了一节公开课。第一节是揭振东老师的听说课，目标明确，过程清晰。第二节是我的课，课程选题切入点好，思路清晰，小组竞赛方法组织到位，能够激发学生的学习动机。第三节是高春梅老师的语法课，亲和力强，语速把握特别好，教学设计巧妙，语法和电影搭配，气氛活跃，顺利完成任务。第四节是陈迪老师的课，其语言功底出色，教态活泼大方，理念先进。

四、相逢是歌，研修是缘

高春梅老师的知性、陈迪老师的活泼、揭振东老师的淡定，都体现了不同的教学风格，让我收获颇丰。这次跟岗培训虽然只有一周，但是经过努力我们完成了学习任务。智慧与思想发生了美丽的碰撞，实践与探索实现了亲切的交融，我们学员的专业素质得到了提升。这里是交流的平台，是学术的天堂，是

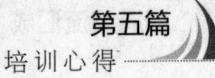

展示教师个性的舞台。

跟岗培训，工作室为我们搭建了一个交流学习的平台，得以和更多的同行交流并探讨疑惑。通过这次跟岗，得以不断完善自己。今后我还将多多汲取别人的经验，让自己在省"百千万"的培养中成长。

广东省新一轮"百千万人才培养工程"第二批高中文科名教师英语工作室汕头、惠州教研活动总结

广东省新丰县第一中学　李细娟

为了发挥广东省新一轮百千万名教师英语工作室的示范、辐射和引领作用，为了提升工作室的教学教研能力，2018年6月25日至30日，来自北京师范大学（珠海）附属高级中学的高春梅、来自廉江市廉江中学的揭振东和来自新丰县第一中学的我到汕头和惠州开展为期一周的教学教研交流活动。

一、汕头送教及讲座活动

2018年6月26日，在汕头市潮南区砺青中学图书馆一楼多媒体课室，濠江高一高二年级备课组长、潮南高二年级全体英语教师与高一备课组长共一百多人参加了本次教研交流活动。上午9：05—9：50，我上了一节What is a good writing 的公开课。10：10—10：55由潮南区砺青中学顾英老师上了一节English writing instruction for Senior Two的公开课。随后，揭振东老师和高春梅老师与参加活动的老师举行评课与高考备考交流活动。下午13：30，高春梅老师开始讲座《英语教学设计常见问题分析及策略》。上午的两节课都是写作课，目的是为了提高学生的写作能力。课堂角度和切入点不同，但各有特点。一个是整体的写作要求，一个是细致的写作要求。学生精神面貌很好，课堂积极配合。

教师们认真学习以及积极参与教研活动的热情深深地打动了我。下午，高春梅老师的《英语教学设计常见问题分析及策略》深深地吸引了教师们。教师们从各种课例分析中学习了教学设计应该注意的问题。讲座容量很大，有很多值得学习和借鉴的地方，实用性、可操作性很强。

在汕头市教育局教研室的精心策划和组织下，在砺青中学的积极配合下，潮南区砺青中学的教研活动取得了圆满的成功！潮南区教研室郑丽贤主任、砺青中学郑校长、倪史标副校长的务实和敬业精神感染了我。感谢汕头市教育局教研室，感谢所有参与本次活动的领导和老师们给我这个交流学习的机会，从你们身上，我看到了潮汕人那种拼搏的精神！

二、在汕头大学和汕头中学的参观和学习交流活动

英语工作室的一行三人在陈穗同学的陪伴下来到汕头聿怀中学。《诗·大雅·大明》中有"维此文王，小心翼翼，昭事上帝，聿怀多福"，汕头聿怀中学据此得名。在这所有一百四十多年历史的学校中，我感受到了勃发向上的气息。校本课程做得好，有玩转课堂实验、台湾文学、欧美歌曲赏析、古诗文中的穿越生活、针线盒子等，都是很受学生欢迎的课程。学校对中国传统文化和外国文化都很重视。

一行三人在周玳珈老师的陪伴下来到汕头华侨中学。学校地缘优越，设施领先。汕头华侨中学位于市区金砂路黄金地段。进入侨中，绿化很美，有很多盆景，看上去非常雅致。学校主场馆前的一句话"一切为了师生的发展"，体现了学校不但关注学生，也关注教师的发展，我感觉很温馨。校园的芒果树结满了芒果，我们和侨中的师生们幸福地分享丰收的果实。

英语工作室的一行三人在陈穗老师的陪伴下来到汕头大学进行文化考察。学校历史不是很悠久，但校园现代大气，建筑物都很有设计感。校园很注重水元素的设计。图书楼下面是水，图书楼对面是一片湖，校园还有一个小水库，还有其他湖水的景观。水为财，汕头人都是商业精英。

三、惠州华罗庚中学的教研活动

惠州华罗庚中学位于广东省惠州市东江新城，是惠州市最先进、最美丽

的现代化学校，也是惠州市规模最大的高中学校。华罗庚中学注重打造文化特色，尤其是艺术方面。学校比较重视学生的全面发展。我在惠州华罗庚中学上了一节What is a good writing的英语写作公开课。这次公开课，在高春梅老师的建议下，我进行了三个方面的修改及完善。一是解释了思维导图的定义；二是加强了对课堂节奏的控制；三是加强了与学生的互动性。完善后的课，效果比较好，课堂气氛融洽，学生的输出量很大。

本次送教及教研活动，收获满满，我从同行的身上学到了很多。高春梅老师的讲座引人入胜，极其精彩，从教学目标的设计对策到学生活动策略，其详细、深层、全面的剖析和讲解使我受益匪浅。振东老师对新高考的解读和理解让我对新高考有了进一步的认识。三人行，必有我师。一起送教，一起教研的过程，就是自我提升的过程。

这次送教活动虽然很累，但是累过后是一种美妙的享受。独自回味讲台上的一处处精彩，从中收获的东西能让我受用一生。在互访活动中，我也学习了其他成员的宝贵教学经验，使我不断成长。

广东省新一轮"百千万人才培养工程"第二批高中文科名教师英语工作室研修活动总结

广东省新丰县第一中学　李细娟

2018年12月和2019年1月，英语工作室开展了互访活动。两次活动都遇上降温天气，虽然不是对的天气，但遇到了对的人、对的活动，没有什么苦难能够阻挡英语工作室成员研修的热情。

一、聆听导师高屋建瓴的指导

1. 工作室理论导师的指导

我们聆听了理论导师中山大学常新萍教授《核心素养与外语教学努力新方向》的讲座。常教授用两个案例引出话题——当今语言教学中出现的不仅仅是语言问题，还有文化理解及文化判断方面的问题。这就促使教育学家对现在的教育和学习，尤其是母语、二外学习过程的再认识。那么，作为外语教学者，我们要培养什么样的人才呢？要让学生在学习中得到什么能力呢？常教授通过国际答案（美国、澳大利亚）、中国答案等诠释了核心素养，并解读了核心素养体系的总框架：学会学习，健康生活；责任担当，实践创新；人文底蕴，科学精神；以人为本，回归教育"育人"本质，培养学生成为全面发展的人。常教授对于核心素养全新的诠释，巧妙地把语言技能的习得与育人理念相结合，让我们意识到当今形势下的语言教学更要凸显语篇能力、中高阶思维能力及跨文化交际能力的重要性。

2. "省百"学术班主任的指导

学术班主任的指导，由华南师范大学宋春燕博士给大家带来《学校生涯教育思考与行动》的专题讲座。宋教授的讲座非常精彩。她让大家明确了什么是生涯教育，以及在学校开展生涯教育的必要性。生涯教育能够切实帮助学生学会选择，为实现学生和学校适应普通高中课程改革和高考综合改革起到了重要作用。生涯教育就是要帮助学生具有自我概念、了解社会角色，在世界中找到自己的定位、方向和方法。宋博士的讲座内容分为两大部分。第一部分：什么是生涯教育以及在学校开展生涯教育的必要性。第二部分：介绍生涯教育行动的整体方案。在第二部分中，宋教授重点强调了生涯目标和生涯内容以及如何开展生涯教育。宋博士通过一幅生涯彩虹图形象地展示了人的一生所要经历的各个阶段，以及所要承担的各种社会角色。宋教授更是以自身的学历生涯和职业生涯为例说明了生涯规划的重要性。她鼓励大家："只要理想够清晰，目标够清晰，只要你够持续，就能实现你的理想。"

二、倾听工作室成员精彩接地气的讲座

1. 工作室成员高春梅老师精彩纷呈的教学设计讲座

2018年12月7日，我们在新丰县第一中学倾听了高春梅老师的《英语教学设计实践操作中出现的问题分析及对策》的讲座。讲座介绍了教学设计的内涵及意义。高春梅老师通过对古汉字"教"与"学"的解析，很好地诠释了人类对教学本质的不舍追求，阐述了教学设计标准及原则，即教学设计应具有交互性、情境性、逻辑性，而且教师的课堂指令要清晰明了，可以使用切片式诊断的方法进行反思。高老师还归纳了教学设计的常见问题，并通过大量的案例对比向我们展示教学设计中出现的问题以及针对性对策。

2019年1月3日，我们在廉江中学倾听了高春梅老师关于《核心素养视觉下的高中英语词汇教学探究》的讲座。听讲座前，我们先听了两节词汇同课异构课，并对课程进行了点评。高老师的讲座内容结合两节词汇课，建议教师们词汇课要围绕学生们的校园生活和社会实践，通过多模态的语料，让学生在真实

的情境中学习词汇，培养学生的思维品质。高春梅老师结合丰富的教学实例解释词汇教学设计应当遵循交互性、原则性、层次性、情境性、逻辑性、整体性和衔接性等原则。

从高春梅老师的讲座中，我们不但学习到了知识，还收获了满满的正能量——只要开始就是研究，只要参与就是成功，只要追寻就是境界！

2. 工作室成员揭振东老师鼓舞人心的讲座

我们聆听了揭振东老师《工作室与教师成长》的讲座很鼓舞人心。他分享了他的名师成长之路的历程。他激励我们，成长是逼出来的，精彩也是逼出来的。退一步山穷水尽，逼一逼柳暗花明。自我塑造，过程很痛，但最终能收获一个更好的自己。确实，没有人能够轻轻松松成功。我将更加珍惜英语工作室这个平台。在工作室里，我们共学、共研、共进，遇见最美的自己。

又是收获满满、感动深深的研修活动。